트릿

부와 행복을 얻는 5가지 발상법

| 김현철 지음 |

트릿
TREAT

TURN · READ · EARN · ASK · TRAIN

피톤치드

트릿의 즐거움

"당신의 우선순위가 어디에 있다고 나에게 말하지 말라.
당신이 돈을 어디에 쓰는지 보여준다면 당신의 우선순위가
무엇인지 말해주겠다."

-제임스 W. 프릭-

저는 개인의 자산 구조를 건전하게 만들고 재산 증식을 설계해 주는 일을 하고 있습니다. 개인이 가진 운용 현금은 얼마며 부채는 어느 정도인지 파악하고 이에 맞게 전체적인 자산을 배분하여 조정하려면, 당사자의 재정 상황뿐만 아니라 가족 구성, 주거형 태, 미래계획 따위를 알아야 합니다. 그러다 보면 자연스럽게 고객의 삶을 들여다볼 수 있는 기회가 생깁니다. '이분은 부동산을

선호하시는구나.' '저분은 장기적으로 노후를 대비하는 데 관심이 많으시구나.' 그간 자산을 만들어 온 방식을 보면, 그 사람의 가치관과 함께 생활양식, 조금 거창하게는 세계관까지 가늠해 볼 수 있습니다.

자신이 가장 중요하게 생각하는 부분이 무엇인지 따져보지 않고 무턱대고 남의 말만 듣고 투자에 진입하면 도중에 길을 잃거나 인생에 뜻하지 않은 어려움이 닥쳤을 때 쉽게 좌절하게 됩니다. '지금이 강남 언저리라도 진입해야 할 마지막 때다.' '무슨 소리냐, 안정적인 수익을 낼 수 있는 펀드 쪽으로 자산을 돌려야 한다.' 현장에서 난무하는 전문가들의 이런저런 투자 전략에 팔랑귀가 작동하기 시작하면 대책이 없어집니다. '부동산 불패신화다, 아니다, 테마주에 답이 있다, 대마불사다, 이거 해서 돈을 벌었다, 저거 해서 건물을 샀다' 등 화려한 소문과 눈물겨운 간증은 넘쳐나지만, 주변을 아무리 둘러보아도 정확한 실체는 아무것도 없습니다.

중요한 건 전략이 아닙니다. 자산 포트폴리오는 10만 원만 내면 어디서나 쉽게 만들 수 있습니다. 온라인만 열어봐도, 유튜브만 검색해도 주식이며 펀드, 보험, 경매, FX, 암호화폐 등등 당장 가용 가능한 투자 정보들은 넘쳐납니다. 이런 것들은 주식중개인에게 위임할 수도 있고, 조금 돈을 들여 저 같은 전문가들에게 컨설팅을 받을 수도 있습니다. 약간의 수수료만 지불하면 자산투자

운용회사들이 재무 설계부터 은퇴 이후 노후자금까지 관리해줍니다. 하지만 저는 지금 그런 테크니컬한 이야기를 하려고 이 책을 쓴 게 아닙니다. 보다 근본적이며 본질적인 부분을 다루려고 합니다.

저는 평소 2030 세대 직장인들과 함께 공유하고 나눌 수 있는 인생 전반의 플랜을 고민했습니다. 회사에서 또는 각종 사회활동 모임에서 자잘한 실수들을 줄이고 좀 더 목표지향적인 삶을 살도록 안내해주는 나침반 같은 원리가 있으면 좋겠다고 생각했습니다. 이 일을 위해 틈만 나면 책을 읽고 좋은 아이디어들을 따로 메모해 두었습니다. 물론 개중에는 제가 사회 초년병 시절에 겪었던 여러 실수들이 바탕이 되어 얻은 교훈도 있고, 일부는 회사 선배나 멘토를 통해 배운 귀한 가르침도 들어 있습니다. 저 또한 멘토나 주변 선배들에게 배운 가르침과 나름 저와 비슷한 고민을 할 2030 세대, 더 나아가 어떠한 꿈을 향해 도전하려고 하는 분들에게 조금이나마 도움이 되었으면 좋겠다는 생각으로 책을 내게 되었습니다.

이 책은 시중에 나와 있는 전형적인 투자서와는 거리가 멀다고 할 수 있습니다. 차라리 이 책은 40대가 되기 전, 20대와 30대가 꼭 알아야 할 인생 관리, 인맥 관리, 돈 관리, 건강 관리에 관한 모든 것이라고 할 수 있습니다. 2030 세대는 이제 막 사회에 진출하여 바쁘게 목표점을 향해 달려가거나 회사가 주는 과중한 업무에

치여 진지하게 삶의 좌표와 인생의 방향을 설정할 시간이 턱없이 부족합니다. 자기계발에 관심이 많은 직장인, 사회활동을 활발하게 벌이지만 어딘지 모르게 자신이 뒤처지고 있다는 불안감이 드는 회사원, '나 정말 이대로 살아도 되는 걸까?', '지금 내가 잘하고 있는 걸까?' 그래서 점점 다가오는 40대에 덜컥 겁나는 이들이 이 책의 주요 독자층입니다.

이 책은 더 나이가 들기 전에 결혼도 해야 하고, 벌어놓은 돈은 없는데 일은 점점 힘들어지고, 주변에서는 계속 시집/장가가라고 하는데 정말 눈 꽉 감고 적당히 선보고 결혼해야 하는지, 주식도 해야 하고 재테크도 해야 하는데 도무지 어디서부터 시작해야 할지 막막하고, 인간관계는 또 왜 이렇게 점점 꼬여만 가는 건지, 혈기왕성한 20대 때는 옳고 그름, 좋고 싫음, 나다움에 집중하며 살 수 있었는데, 이제는 무엇이 나다운 건지, 무엇이 바른 건지, 대체 내가 무얼 좋아하는지조차 헷갈리는 이들에게 어떤 책을, 무슨 조언을, 어디에서, 어떻게 구해야 할지 선배가 하나씩 가르쳐주는 콘셉트를 갖고 있습니다.

거창하게 이름 붙여 트릿이라 해보았습니다. 트릿은 영어 TREAT의 두문자어頭文字語입니다. 애크로님acronym이라고도 하죠. 누구나 아는 것처럼, 트릿은 '다루다', '대처하다', '대우하다'라는 의미와 함께 '대접하다', '치료하다'라는 뜻도 가지고 있습니다. 상황을 '대처하고' 현상을 '다루며' 문제를 '치료하고' 남을 '대우

하는' 쪽으로 다섯 가지 대원칙을 세우고 세부적인 저의 생각들을 담았습니다. 다섯 가지 대원칙은 각기 '턴TURN' '리드READ', '언EARN', '애스크ASK', '트레인TRAIN'이라는 영단어를 달아 다섯 개의 파트로 나누었습니다. 그리고 각 파트별로 세 개의 챕터를 두어 트릿의 단계를 세분화했습니다. 또한 각 챕터는 다시 두 개의 꼭지로 쪼갰습니다. 이렇게 전체적으로 15개의 챕터, 30개의 꼭지가 만들어졌습니다. 본래 처음부터 주욱 읽을 것을 권하지만, 독자들의 관심사에 따라 특정 부분은 건너뛰면서 띄엄띄엄 읽는 방법도 괜찮을 것 같습니다. 각 챕터를 이루는 꼭지 안에는 트릿을 이루는 다섯 개의 대원칙으로 나아가는 전략들이 도표와 함께 제시되어 있습니다. 따라서 각 전략은 앞선 트릿의 다섯 가지 대원칙과 연결되죠. 이처럼 트릿은 막막하고 꽉 막힌 현실을 저돌적으로 타개하는 돌파력breakthrough이며 인생을 대하는 창발적創發的 자세입니다.

트릿은 우선 자신의 불만족스러운 일상을 깨닫고 상황을 되돌리는 전환의 과정, 턴TURN이 요구됩니다. 턴은 책을 읽고 독서를 통해 자기 변혁을 모색하는 리드READ를 동반하죠. 그리고 대부분 현실적인 고민은 재정적 문제로부터 비롯하기 때문에 언EARN을 통해 종잣돈을 모으고 기초 자산을 투자로 전환하는 방법이 요구됩니다. 어쩌면 이 모든 일은 삶에 대한 질문을 던지는 애스크ASK로부터 시작되는지도 모릅니다. 당연한 것에 의문을 갖고 정상적이라는 수치에 삐딱한 시선을 보내는 일이 우리 일상을 개혁하고 변화시키기 때문입니다. 이 혁신의 과정이 계속 이어지려면 트레인TRAIN을 통해 자신의 삶에 바람직하고 좋은 관성을 유지하고 위태롭고 나쁜 관성을 깨야 합니다. 여기에는 운동과 명상으로 몸과 마음을 함께 유지시키는 일도 포함됩니다. 이를 전체적인 도표로 나타내면 다음과 같습니다.

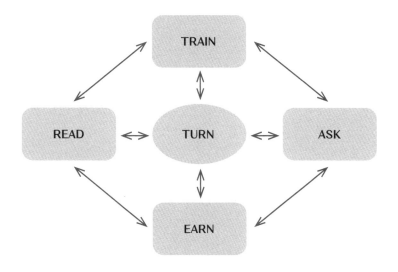

트릿을 해야 합니다! 투자 전에 트릿을 먼저 실천해야 합니다. 재무상담가로 10여 년 넘게 활동하면서 저는 자산을 만지기 전에 먼저 인생을 만져야 한다고 생각했습니다. 결국 모든 재산 증식의 성공은 인생의 행복을 위한 발판에 불과합니다. 행복을 보다 명확하게 정의하지 않고서는 투자도 헛발질에 불과하기 때문입니다.

이에 대해 사계절투자의 구루 레이 달리오는 인생에서 원하는 것을 얻기 위해 해야 할 것들을 자신의 저서에서 이렇게 밝혔습니다.

"1) 분명한 목표를 설정하라. 2) 목표를 달성하는 데 방해가 되는 문제를 찾아내고 용인하지 마라. 3) 근본적 원인을 찾아내기 위해 문제들을 정확하게 진단하라. 4) 문제를 해결할 계획을 세워라. 5) 계획을 완수하고 성과를 이루기 위해 필요한 것을 실천하라."[1]

이 책을 읽으시는 모든 분들이 트릿을 실천하는 즐거움을 통해 삶의 긴장을 되찾고 생각에 혁신을 이루며 인생의 목표로 걸어가는 데 조금이라도 도움이 되면 좋겠습니다.

감사합니다.

트릿 전문가
김현철

---

1 레이 달리오, 『원칙(한빛비즈)』, 고영태 역, 231.

1부 · TURN
트릿! 뒤집어라

2부 · READ
트릿! 읽어라

3부 · EARN
트릿! 벌어라

4부 · ASK
트릿! 물어라

5부 · TRAIN
트릿! 훈련하라

트릿!
뒤집어라

TURN · READ · EARN · ASK · TRAIN

오케스트라를 지휘하고 싶은 사람은 군중에 등을 돌리고turn 서 있어야 한다.

• 맥스 루케이도

CHAPTER 1

'마이 턴'을 외치자

우리에게는 「매트릭스」 시리즈로 유명한 미국의 워쇼스키 형제(지금은 자매!)를 개인적으로 좋아한다. 특히 그들이 2006년에 만든 SF 영화 「브이 포 벤데타」를 좋아한다. 이 영화는 항상 내 최애 영화 10선에 든다. 지금까지 어림잡아 스무 번 이상은 본 것 같다. 영화가 너무 좋아서 앨런 무어의 원작 만화도 살 정도다. 의외로 워쇼스키는 알면서 「브이 포 벤데타」는 모르는 사람들이 많기 때문에 영화 이야기를 조금 해보자.

영화를 좋아하는 데에는 여러 가지 이유가 있을 것이다. 단순히 풍성한 금발을 뒤로 젖히며 "저예요?"를 외치던 헤이워드의 뇌쇄적인 장면 때문에 「쇼생크 탈출」을 좋아하는 후배도 봤고, 나카야마 미호가 "오겡끼데스까?"를 외치던 설원의 숲이 아름다워서 이와이 슌지의 「러브레터」를 여러 번 봤다는 친구도 있다. 심지어 칼빵을 놓는 녀석들에게 황정민이 엘리베이터에서 "드루와! 드루와!"를 외치는 장면 때문에 「신세계」를 열 번 넘게 봤다는 가학적인(?) 동료도 있더라. 내가 「브이 포 벤데타」를 좋아하는 이유는 바로 이 장면 때문이다. 자, 심호흡 한 번 크게 하시고…. 지금부터 '스포일러'가 포함되어 있으니 주의하라.

영화에서 내가 최고로 꼽는 장면은 단연 지하철역 격투신이다. 나는 이 장면이 박찬욱 감독의 「올드보이」에 나오는 최민식의 도끼신과 함께 21세기 영화사상 최고의 격투신이라 생각한다. 반란과 전복의 주인공 브이는 악당 크리디 앞에 나타난다. 크리디는 반정부 위험인물인 브이 한 명을 잡아들이기 위해 중무장한 십여 명의 공수부대를 끌고 온다. 다윗과 골리앗의 싸움이다. 수적으로 월등한 상황에 거만해진 크리디는 가이 포크스 마스크를 쓴 브이에게 가면을 벗으라고 명령한다. "네 잘난 면상 좀 보자." "노우!" 화재로 전신 3도의 화상을 입은 브이는 마스크와 망토로 가린 자신의 얼굴을 보여주지 않는다.

애초에 브이의 제거를 목표로 삼았던 크리디는 부하들에게 총질을 명한다. "발사!" 그러나 포연이 자욱하게 일분 넘도록 계속된 조준 사격에도 브이는 쓰러지지 않는다. 군인들의 장전된 총기는 장렬한 연기를 내뿜으며 긴 한숨을 토해낸다. 크리디는 쓰러지지 않고 자신 앞에 우뚝 서 있는 브이를 보며 소스라치게 놀란다.

"왜 죽지 않는 거냐?" 브이는 천천히 호흡을 가다듬으며 말한다. "이 가면 안에는 죽을 수 있는 살점과 피 이상의 것이 있다. 그것은 바로 신념이다. 총알로는 부술 수 없는 신념."

그리고 그는 나직이 외친다.

"마이 턴!My turn!"

안 본 사람이 있다면, 제발이지 이 부분은 꼭 봐라! 공수부대원들이 총탄을 재장전하는 그 짧은 시간 동안(한 10초 정도 될까?) 브이는 몸에 숨겨온 단도를 꺼내든다. 크리디가 '가라데 기믹karate gimmick'이라고 코웃음 쳤던('태권도 기믹'이었다면 더 좋았겠지만!) 브이의 현란한 칼질이 시작된다. 날카로운 단도는 미리 갈 곳을 정해놓은 것처럼 나비처럼 날아서 벌처럼 급소에 꽂히고 군인들은 추풍낙엽처럼 쓰러진다. 워쇼스키는 슬로우비디오로 이 장면을 포착해낸다.

그대는 지금 포커 테이블에 앉아 있다

마이 턴은 본래 포커 테이블에서 나온 용어다. 턴은 게임에서 자신의 패를 가지고 플레이하는 차례를 말한다. 그러니까 브이가 외친 마이 턴은 '내 차례'라는 뜻이다. 자신의 차례가 돌아온 플레이어는 죽던지(폴드), 상대방의 베팅을 받던지(콜), 베팅에 칩을 더 걸던지(레이즈) 해야 한다. 내 차례를 넘길 수 있는 경우(체크)는 오로지 각 라운드가 시작되는 첫 번째에서만 가능하다.

과연 내 차례는 언제쯤 올까? 걱정하지 말라. 칩을 들고 테이블에 앉은 이라면 누구에게나 시계 방향으로 공평하게 턴이 주어진다. 칩 한 개는 자리 하나다! 언뜻 불공평해 보이는 우리네 인생이라는 테이블에서도 끈덕지게 기다리다 보면 쨍하고 해뜰날처럼 반드시 자신의 턴이 돌아온다. 2~3년에 한 번씩 어김없이 윤달이 돌아오듯, 내 인생의 기회 역시 반드시 찾아온다. 마이 턴은 오로지 나만의 무대다. 과연 내 차례에서 나는 어떤 플레이를 할까?

블레즈 파스칼은 인생을 도박으로 정의했다. 어차피 칩을 다

잃을 때까진 퇴장할 수도 없으니 마이 턴에서 승부를 보는 결단력이 요구된다. 에이스 포켓이 들어왔다면 과감하게 레이즈를 해서 판돈(팟)을 키우자. 반면 개패가 들어왔다면 주저 없이 폴드하자. 테이블에선 죽는 것도 기술이다. 맨 처음 스키를 배웠을 때를 떠올려 보라. "스키에서 가장 먼저 배워야 할 기술이 넘어지는 기술이다." 나에게 스키를 가르쳐준 강사가 했던 말이다. 맞는 말이다. 슬로프에서 어설프게 넘어지면 일어나는 것조차 쉽지 않다. 괜히 앞으로 일어나다 자빠지고 고꾸라지고 그렇게 몇 번을 반복하다 보면 걸음마를 처음 배우는 한 살배기 아기로 돌아간 것 같아 실소가 터진다. 개패를 들고 괜히 되도 않는 블러핑을 일삼는 것보다 깔끔하게 죽어서 이번 판을 넘기는 게 시간 절약, 돈 절약이다.

내가 판의 주도권을 쥐고 있다면 체크도 좋은 전략이다. '다음 카드만 보자.'는 심정으로 마이 턴을 다음 사람에게 넘기는 것이다. 실망과 희망도 아직 섣부르다. 다음 카드로 승부가 판가름 날수 있기 때문이다. 매 순간 내 차례가 돌아왔을 때마다 도신賭神이 될 수는 없다. 주사위를 박살내는 윤발이 형의 신기가 나에게 없다면 일단 체크로 마이 턴을 넘기자. 어쩌면 포커 테이블에서 네 가지 경우의 수는 인생의 갈림길에 선 네 가지 선택과 절묘하게 닮은 것 같다.

TURN: 마이 턴에서 할 수 있는 네 가지 결정

콜 call	흐름에 편승하여 앞으로 나가자. 좋은 흐름을 따라가는 것도 현명한 선택이다.
레이즈 raise	적극적인 인생의 승부수를 던지자. 무대 중심에 올라설 때를 알아야 한다.
폴드 fold	괜히 힘 빼지 말고 다음 기회를 노리자. 포기할 때와 손절할 때를 아는 것도 능력이다.
체크 check	잰걸음으로 상황을 주시하자. 전개되는 상황을 보고 판단을 유보한다.

트릿의 첫 번째 과정은 턴이다. 턴의 첫 번째 과제는 내 인생의 주도권을 내가 갖는 것이다. 턴은 상황을 반전시키는 힘이다. 인생의 반전이 필요할 때 "마이 턴!"을 외치자. 흐르는 물줄기를 돌려놓는 결단력이 트릿의 제일 첫 번째 단계에 놓여야 하는 이유가 여기에 있다. 여반장如反掌이라는 말이 있다. '손바닥 뒤집듯'이라는 뜻이다. 상황을 뒤집는 건 손바닥 뒤집는 것만큼 쉽다. 내가 판의 주도권을 잡고 있다.

코페르니쿠스적 전회―익숙한 것과의 결별

천동설은 오랫동안 인류가 하늘을 이해해온 방식이었다. 일찌감치 그리스의 철학자 아리스토텔레스는 우리가 발을 디디고 있는 땅이 고정된 것이며 머리 위로 하늘이 돌고 있다는 천동설을 주장했다. 이 주장은 프톨레마이오스에게 그대로 이어져 중세 천문학을 지탱해왔다. 지구인의 입장에서 천동설은 도리어 일상의 경험과 일치한다. 동쪽에서 태양이 떠오르고 서쪽으로 지는 것을 관찰한 사람이라면, 지구는 가만히 있고 태양과 달이 도는 것처럼 느껴지기 때문이다. 도대체 누가 땅이 돈다고 상상이나 했겠는가? 하지만 E.T.나 에일리언의 입장에서는 이야기가 달라진다.

엄밀히 말해, 우리가 지구인으로 평생 살아간다면 천동설을 믿든 지동설을 믿든 아무 상관없을지 모른다. 평생을 천동설로 살아가는 지구인들에게 쓸데없이 지동설을 소개했다가 갈릴레이처럼 자칫 목에 칼이 들어오는 식겁한 경우를 당할 수도 있다. 지적 유희를 즐기는 몇몇 학자들에게나 중요할 뿐 지구가 돈다는 사실이 하루하루 지지고 볶고 살아가기 바쁜 일반인들에게 무슨 큰 의미가 있겠는가?

하지만 일론 머스크와 제프 베조스가 공언한 염가 우주여행이 코앞에 닥친 21세기에 앞으로 계속 지구인으로만 살아가겠다는 다짐은 왠지 슬프다. 나이아가라 폭포를 관광하기 위해 보잉 747점보 여객기를 타고 미국으로 날아가는 것처럼, 달나라에 떡방아를 찧는 엽기 토끼가 있는지 확인하기 위해 추석맞이 특가로 나온 우주왕복선 티켓을 끊을 날이 멀지 않았다. 주관적 관점에 머물러 있는 천동설적 세계관을 객관적 관점의 지동설적 세계관으로 지평을 넓히는 전환의 시대가 되면, 비로소 코스모폴리탄cosmopolitan이라는 단어의 진정한 의미가 성취될 것이다. 이 터닝을 코페르니쿠스가 했다. 하늘과 땅의 순서를 뒤바꿔놓은 자신의 발견으로 목숨을 잃을까봐 죽을 때까지 비밀로 부쳐두긴 했지만…. 역사가들은 그의 위대한 터닝을 기념하여 '코페르니쿠스적 전회Copernican Turning'라 부른다.

전환은 쉬운 결단이 아니다. 익숙한 것과 결별해야 하기 때문이다. 주변에 나뒹구는 나뭇가지들을 주워 장작을 떼다가 하루아침에 환경을 생각해서 거꾸로 타는 보일러로 난방의 개념을 바꾸는 건 어지간한 담력이 아니면 시도조차 할 수 없다. 코페르니쿠스처럼 역사적 전환을 이룬 인물들이 위인으로 불리는 이유다. 이슬람교를 창시한 무함마드 역시 그런 인물 중 한 사람이다. 그는 처음부터 새로운 종교를 만들 의도도, 자신이 교주가 될 생각도 없었다. 그에게 믿음의 조상은 유대교나 그리스도교와 마찬가지로 아브라함이었다. 그래서 이슬람교를 개창했을 때 그는 다른 아랍인들처럼 매일 성지聖地 예루살렘을 향해 기도를 올렸다고 한다.

TURN: 코페르니쿠스의 터닝, 세계를 바라보는 관점의 변화

천동설	➡	지동설
'해가 뜨고 진다.'		'지구가 태양을 돈다.'
주관적 이해		객관적 이해
국지적 관점		보편적 관점
지구인의 관점		우주인의 관점
감각적으로 일치		이성적으로 일치
새로운 것에 대한 두려움		익숙한 것과의 결별

방향을 정하는 것을 오리엔테이션이라고 한다. 새내기 대학생이 되었을 때 학교에서 받는 오리엔테이션이 바로 캠퍼스의 지형지물을 익히는 일이다. 어디를 가면 학생식당이 있고, 어디를 가면 대형 강의실이 있고, 복사실은 어디에 있고, 학사일정은 어떻게 알 수 있고 등…. 그래서 오리엔테이션이 뒤바뀌면 지리적 이해와 물리적 감각도 덩달아 뒤바뀐다. 무함마드가 622년 메카에서 쫓겨 헤즈라(성스런 도망)를 단행하여 메디나로 이주했을 때, 역사적인 '마이 턴'을 외쳤다. 하루아침에 예루살렘에서 메카로 기도의 방향을 바꾼 것이다. '이쪽이 아닌 가벼.' 뭐 별 볼일 없어 보이지만, 사실 역사적으로는 대단히 중요한 터닝이었다.

TURN: 무함마드의 터닝

예루살렘 방향	→	메카 방향
'따라라.'		'틀어라.'
고(Go)-흐름		턴(Turn)-단절
과거에의 의존		과거로부터의 독립
보수적 전통의 자세		급진적 개혁의 자세
모방-따라 하기		혁신-새로 하기

그는 이날로부터 메카 이외의 방향으로 드리는 기도는 신이 받지 않는다고 선언했다. 솔직히 메카든 예루살렘이든 둘 다 성지기 때문에 우리 같은 사람들에겐 거기서 거길 수 있다. 무함마드의 이 터닝 때문에 오늘날 무슬림들은 하루 다섯 번씩 메카를 향해 머리를 숙이며 절한다. 전 세계 17억 인구가 지금 이 순간에도 모두 메카를 향해 넙죽 엎드린다고 상상하니 조금 소름 끼친다. 무함마드의 터닝을 기려 중동의 관공서나 어디를 가던지 메카를 가리키는 키블라Qibblah 라는 화살표가 벽면에 붙어 있다. 혹시 기도 방향을 못 찾을까봐 독실한 무슬림들은 길을 나설 때 나침반을 꼭 챙긴다. 요즘에는 휴대폰 앱이 있어서 와이파이가 안 터지는 산간 오지만 아니라면 한 치의 오차도 없이 내가 있는 위치에서 메카 방향을 찾을 수 있다. 밴쿠버 올림픽에서 김연아가 보여준 터닝에 한국인들이 전율하듯, 무함마드의 드라마틱한 터닝에 전 세계 무슬림들은 전율했다.

트릿의 첫 단계는 터닝이다. 마이 턴에서 터닝을 감행하는 것이 변화와 혁신의 시작이다. 자, 그렇다면 구체적으로 마이 턴에서 수행할 수 있는 터닝에는 어떤 것들이 있을까? 다음 챕터에서 인생을 바꾸는 구체적인 터닝의 속성들과 방법들을 살펴보자.

CHAPTER 2

막힌 길은
유턴하라

40대 때에는 자신의 얼굴에 책임을 지라는 말이 있다. 거울 속에 내 얼굴을 찬찬히 들여다볼 시간도 없이 바쁜 현대인들이 자신의 얼굴이 목 위에 제대로 붙어 있는지 확인하는 순간은 스쳐 가듯 엘리베이터 구석에 붙은 쪽거울을 응시할 때뿐이다. 하루에 수십수백 번 손거울을 보며 화장을 고치는 직장 여성들조차 자신의 얼굴을 찬찬히 살피는 시간은 고작 30분이 넘지 않는다는 연구결과도 있다. 정말 하루 날 잡아서 거울에 비친 자신의 얼굴을 가만히 들여다보라. '어라, 언제 이렇게 늙었지?' '오늘은 얼굴이 풍선처럼 빵빵하게 불었네.' 당장 내 얼굴이 마음에 들지 않는다면, 강남 성형외과에 상담 전화를 넣기 전에 내가 걸어온 삶을 가만히 돌아보자. 지금 당신은 성형 시술을 받을 게 아니라 삶을 바꿔야 한다.

진화론을 주장한 찰스 다윈은 영장류의 표정을 연구한 것으로도 유명하다. 그 내용을 정리한 게 『인간과 동물의 감정표현에 대하여』라는 책이다. 책의 내용은 이렇다. 인간에게 얼굴의 진화를 가져온 강력한 힘은 바로 사회성에 있다. 상대방과 상호 작용을 하려면 먼저 서로의 얼굴을 인식할 수 있어야 했고, 상대가 나와 같은 종種인지 아닌지, 적인지 친구인지 파악하는 피아彼我 식별력은 영장류가 진화하는 데 필수적이었다는 것이다. 그래서 상대방의 표정을 살피고 감정을 캐치하는 것이 자연스럽게 인간의 생존에 바로미터가 되었다.

책에 따르면, 개별 얼굴을 인식하는 능력이 있다고 밝혀진 동물은 인간을 포함해 유인원, 개, 양, 소, 돌고래, 코끼리 정도라고 한다. 다윈은 책에서 동물의 몸집이 클수록 얼굴의 표현력이 증가한다는 주장을 제시하는데, 그 이유는 표현력이 눈의 크기와 관련이 있기 때문이다. 발달한 시력이 표정을 제대로 감지하게 해주고, 이것이 덩치 큰 영장류가 표정을 만드는 능력으로 이어졌을 거라는 얘기다.

이렇게 장황하게 거울 이야기를 꺼내는 이유는 거울 보기가 터닝의 출발이기 때문이다. 우리는 매일같이 거울을 본다. 거울을 본다는 건 성찰reflection의 가장 기본적인 행위다. 성찰이 없으면 모든 일에 기계적 반응reflexion만 있을 뿐이다. 그래서 태진아의

'거울도 안 보는 여자'는 갈 데까지 다 간 여자다. 그러니 태진아는 노래에서 거울도 안 보는 여자를 '외로운 여자'라고 규정하지 않나? 거울도 안 보는 건 남자건 여자건 위험하다. 인간에게는 거울 뉴런mirror neuron이라는 게 있고, 거울 뉴런을 통해 변화와 모방을 인지하지 않는 사람에게는 발전이 없기 때문이다. 반농담이니 태진아 팬들은 죽자고 덤비진 말 것!

원효대사의 유턴 따라 하기

원효와 의상은 당나라 유학길에 오른다. 왜 당나라로 갔을까? 당나라는 당시 두 승려가 살았던 통일신라시대에 불교에 있어서 1등 선진국이었기 때문이다. 비유하자면, 오늘날 공부 좀 한다는 학생들이 미국 유학길에 오르는 것과 같은 거라고 보면 된다. 한국인들에게 '마하반야바라밀다…'로 익숙한 『반야심경』도 당나라 현장玄奘에 의해 한자로 번역, 정리된 것이다. 현장? 어디서 많이 들었다? 맞다, '치키치카차카차카초코초코초' 손오공이 나오는 『서유기』의 그 삼장법사가 바로 현장이다!

문제는 당나라까지 가는 교통편이었다. 요즘이라면 인천 에어포트에서 직항 비행기 한 번 타면 두어 시간 만에 바로 갈 수 있지만, 당시에는 육로(도보)나 해로(배)를 이용해야 했다. 그런데 육로로 압록강을 건너 중국에 입국하려던 원효 일행은 뜻밖에 국경에서 제지당하게 된다. 요즘처럼 여권이며 비자가 있었을 리 없다. 둘은 고구려를 염탐하러 적국이 보낸 첩자로 오인 받아 국경 수비대에 잡혀 있다가 신라로 컴백홈하게 된다. 예나 지금이나 유학 한 번 가기 참 힘들다.

　10년 뒤인 661년 문무왕 1년, 둘은 일정을 조정하여 재차 당나라 유학길에 오른다. 고구려가 육로를 막고 있었기 때문에 이번에는 뱃길을 이용하기로 했다. 둘은 당시 대표적인 무역항이었던 충남 당진으로 내려왔다. 이름에서도 알 수 있듯이 당진唐津은 한반도에서 중국으로 들어갈 수 있는 대표적인 관문이었다. 당시 해로는 육로보다 훨씬 위험했다. 조잡한 항해술과 선박 건조술도 문제였지만, 예상치 못한 일기나 기상 조건에 따라 배가 뜨지 못하고 여러 날 항구에 발이 묶이는 경우가 허다했기 때문이다.

　공교롭게 원효와 의상이 배를 타고 가기로 한 날도 비가 내리고 바람이 부는 장마철이었던 것 같다. 둘은 어쩔 수 없이 비를 피해 동굴로 들어간다. "오늘은 여기서 하룻밤 지내야겠네." 여관비나 아껴보자는 심산으로 막상 동굴로 들어가긴 했지만, 선뜻 잠이 올 리가 없다. 불안한 마음을 부여잡고 둘은 동굴에서 오지 않는 잠을 애써 청한다. 거기서 새벽녘 타는 갈증을 느끼고 잠에서 깬 원효는 물이 고인 표주박을 발견하고 벌컥벌컥 들이킨다. 빗물치고는 냉장 보관이 제대로 된 맥주를 들이킨 것처럼 청량감과 목넘김이 끝내줬다. '키야~ 물맛 죽이네. 여기 냉수 맛집이구나.'

　국사시간에 졸지 않았다면, 누구나 이 이야기의 전말을 알고 있을 것이다. 원효와 의상이 기어들어갔던 곳은 그냥 동굴이 아니라 훼손된 무덤터였고, 원효가 새벽에 마신 물은 빗물이 아니라 해골물이었다는 사실을 말이다. 아침에 일어난 원효는 전날 밤 자신의 목을 타고 시원하게 넘어간 물이 시체 썩은 물이라는 사실을 알게 되자 구토를 일으켰다. 때는 너무 늦었다. 이미 그 물은 위장을 지나 소변으로 다 빠져나간 뒤였으니까. 순간 그는 크게 깨달았다. '해골물인지 모르고 마셨을 때 그토록 시원하게 갈증을 풀었는데, 지금 토악질을 하는 건 무슨 일인가? 결국 모든 게 내 마음 속에 일어난 상념에 불과했구나.' 원효가 깨달았던 진리는 일체유심조一切唯心造, 즉 모든 것이 내 마음에 달려 있다는 자각이었다.

내가 하고 싶은 이야기는 여기서부터다. 그는 당나라 유학을 '단칼에' 포기한다. 포기가 아니라 단념이 맞을 것이다. 의상이 말렸지만 별 수 없었다. 포커 테이블에 앉은 원효는 마이 턴에서 대뜸 폴드를 감행한다. '진리가 내 마음 속에 있거늘 내가 어디서 깨달음을 구한단 말인가?' 그는 그 자리에서 유턴한다. 그의 나이 마흔다섯이었다. 그는 지금까지 자신이 걸어왔던 길을 완전히 부정하고 미련 없이 왔던 길을 되돌아간다. 그렇게 자신보다 여덟 살이나 어린 의상과 작별을 고한 원효는 뒤도 돌아보지 않고 곧장 고향으로 돌아간다. 이후 그는 『대승기신론소』, 『금강삼매경론』, 『십문화쟁론』 등 150여 권이 넘는 불교 서적을 출판한 당대 최고의 승려가 되었다.

그의 터닝은 여기서 그치지 않는다. 승려의 계를 어기고 요석

공주와 결혼하여 아들 설총을 낳았으며, 평생을 파계승으로 떠돌며 무애춤으로 대중들에게 불교를 가르쳤다고 한다. 술을 먹고 동네 저잣거리를 비틀비틀 걸어 다니며 불경을 중얼거리던 그를 잡배들은 땡중으로 여겼겠지만, 어쩌면 그야말로 진정한 불교의 승려가 아니었을까? 그는 단순히 계율을 어긴 파계승破戒僧이 아니라 과감한 유턴으로 세상을 부수어버린 파계승破界僧이었기 때문이다.

인생에 획기적인 전환을 원하는 이들은 유턴을 감행한다. 지금까지 삶에서 얻어진 결과가 마음에 들지 않는다면, 왔던 길을 계속 가봤자 달라지는 게 없기 때문이다. 불만스러운 현실, 옴짝달싹 못하는 환경을 마냥 버티는 게 능사가 아니다. 내 잘못이 아니라는 판단이 선다면 과감하게 유턴하라. 단, 유턴하는 데 반드시 물어야 할 세 가지 질문이 있다.

첫 번째, <u>이 결정이 일시적인 감정인지 자문하라.</u> 미국인들이 종종 쓰는 표현 중에 '슬립 온 잇sleep on it'이라는 말이 있다. 중대한 결정을 내려야 하는 기로에 섰을 때, 바로 결정을 내리기 힘들 때, 하루 정도 밤을 지새우며 곰곰이 생각해보는 걸 바로 슬립 온 잇이라 한다. 유턴이 변덕스런 감정에 의한 건지 알 수 있는 매우 간단한 방법이 있다. 고민이 될 때마다 나는 이 방법을 언제나 활용한다. 바로 대변(목표)과 차변에서 차변(과정)을 지우는 것이다. A라는 목표를 이루는 데 B라는 과정이 필요한지 묻고 필요하지 않다면 과감하게 유턴하는 것이다. 감정이 끼어들 틈이 없다.

원효도 차변(당나라로 유학가기)을 약분하여 대변(득도하기)을 얻었다. 차변이 HOW라면 대변은 WHY에 해당한다. 목적이 수단에 앞선다.

차변 : 대변
과정 : 목표
수단 : 목적
HOW : WHY

　두 번째, <u>유턴은 과감하게 하라.</u> 괜히 사거리에서 신호등 받아놓고 어물쩍거리다가 사고 나기 십상이다. 돌아서려면 가차 없이 돌아서라. 원효는 15년 넘게 당나라 유학을 준비해왔다. 유학은 그의 인생 최대 목표였을지 모른다. 하지만 추호도 자신의 결정에 흔들리지 않았다. 유학보다 더 큰 목표를 발견했기 때문이다. 더 원대한 WHY가 생기자 이전의 목표는 HOW로 전락한다. 새로운 결정을 내리는 데 심사숙고했다면 자신을 믿고 핸들을 과감하게 돌린다. 언제나 노하우know-how보다는 노와이know-why가 중요하다.

　세 번째, <u>돌아선 다음에는 뒤를 돌아보지 마라.</u> WHY가 확보된 유턴은 후회가 남지 않는다. WHY는 HOW라는 해설에 대한 원칙이며, HOW는 WHY라는 명제에 대한 각주에 불과하다. '후회는 일종의 자신에 대한 처벌이다.'라는 말을 읽은 적이 있다. 지금까지 열심히 살아온 자신을 괜히 처벌하지 말자. 유턴을 할 때에는 돌아갈 다리를 끊는 심정으로 배수의 진을 치자. 훗날 당나라에서 당당하게 Ph.D.를 받고 돌아온 의상을 본 원효의 심정은 어땠을까? 중국 최고의 선사禪師 밑에서 그 유명하다는 화엄종華嚴宗을 배워 와서 영주 부석사나 부산 범어사 같은 굵직한 절들을 창건할 때 그보다 여덟 살이나 많았던 원효는 과연 배가 아팠을까? 천만에! 그에게 이름 모를 무덤터에서 일생일대의 화두話頭가 던져졌기 때문에 유학에는 아무런 미련도 미동도 없었다. 그래서 후회도 없었다. 게다가 학계에서 유명세를 논하는 게 유치하기는 하지만, 의상보다 원효가 얻은 깨달음의 경지가 훨씬 깊고 넓었다.

TURN: 유턴의 세 가지 원칙

1. 일시적인 감정인지 확인하라.
2. 하려면 유턴은 과감하게 하라.
3. 돌아선 다음 뒤를 보지 마라.

몸 뒤집기-생존을 위한 터닝

주인공 그레고르 잠자가 뒤숭숭한 잠에서 깨고 보니 자신이 거대한 벌레로 변해있는 모습을 발견하는 것으로 프란츠 카프카의 소설 『변신』은 시작한다.

"어느 날 아침, 그레고르 잠자는 뒤숭숭한 꿈을 꾸다 깨어나 흉측스런 벌레로 변한 채 침대에 누워 있는 자신의 모습을 발견했다. 그는 갑옷처럼 딱딱한 등을 침대에 대고 누워있었는데, 살짝 고개를 들어 살펴보니 활 모양의 각질로 덮여 있는 불룩한 갈색 배가 눈에 들어왔다. 불룩한 배 위에 걸쳐진 이불은 금방이라도 흘러내릴 듯 위태위태해 보였다. 게다가 다른 부위와 비교해서 형편없이 가늘어 보이는 수많은 다리들이 어찌할 바를 모르고 눈앞에서 허우적대었다."[1]

벌레의 숙명은 자기 스스로 몸을 뒤집지 못한다는 데에 있다. 한 번 뒤집힌 풍뎅이는 갖은 발버둥을 쳐도 원래의 자세로 돌아가지 못한다. 요란하게 날갯짓을 하며 뒤집어보려고 하지만 몸뚱

---

[1] 프란츠 카프카, 『변신(푸른숲주니어)』, 장혜경 역, 9.

이는 꿈쩍도 하지 않는다. 요행히 몸을 뒤집었다 하더라도 그 반동으로 다시 뒤집히는 경우가 다반사다. 벌레에게 뒤집힌 상태는 매우 취약한 자세다. 무방비 상태에서 천적에게 자신의 약점을 노출시키기 때문이다. 그 역시 빠른 시간 안에 몸을 뒤집지 않으면 주변의 치명적인 공격을 받을 수 있다는 사실을 잘 알고 있다. 힘이 다하고 진이 빠져도 벌레가 발버둥을 멈추지 않는 이유다. "아무리 오른쪽으로 몸을 돌리려 애를 써봐도 소용이 없었다. 금방 다시 벌러덩 나자빠져서는 침대 바닥에 등을 대고 시소를 타듯 양쪽으로 흔들거렸다. 백 번쯤 시도를 해보았을까?"[2]

갓 태어난 신생아를 본 적이 있는가? 벌레 이야기를 하다가 갑자기 주제를 아기로 바꿔서 좀 이상하지만, 몇 년 전 첫째가 태어났다고 해서 대학 동기의 병원에 간 적이 있다. 가서 처음으로 태

2 같은 책, 10.

어난 지 며칠 안 된 신생아를 보았다. 강보에 싸인 아기는 자신의 목도 가누지 못하는, 아니 눈도 채 뜨지 못하는, 그래서 속절없이 누군가의 보살핌을 받아야 하는 존재였다. 그런 아기도 빠르면 2개월부터 부모와 눈을 맞추고 옹알이를 시작한다. 그러다 6개월이 되면 얼굴이 다 빨개질 정도로 끙끙~ 용을 쓰며 몸을 일으키기 시작한다. 이른바 뒤집기 시기가 온 것이다. 배냇머리가 빠지기 시작하면서 인간은 하늘을 향하던 시선을 땅으로 돌리며 몸을 일으켜 세운다. 태어나서 뒤집기를 시도하면서 비로소 인간은 독립적인 자아로 삶을 시작한다. 뒤집지 못하는 아기는 뭔가 문제가 있는 것이다.

세월은 빨리 간다. 일 년이 지나 돌잔치 한다고 다시 갔다. 언제 그랬냐는 듯 천방지축으로 뛰어다니는 아이를 보고 깜짝 놀랐다. 아무리 옆에서 "꺄르르 까꿍" 해도 고개조차 돌리지 못하던 그 아기가 맞나 싶을 정도였다. 자신의 두 발로 걸을 수 있다는 것에서 무한한 희열을 느끼는지 녀석은 여기저기 마구 돌진해댔다. 그런 아들을 보고 옆에서 동기가 엄살 섞인 넋두리를 뱉는다. "요즘은 사방으로 뛰어 다녀서 미치겠어. 잠자코 누워있을 때가 차라리 좋았다니까." 부러 그런 말을 하겠지만, 정말이지 스무 살 넘도록 아들이 침대에 누워만 있다면 어떨까. 그레고르 잠자처럼…. 상상만으로도 끔찍할 것이다.

인간이 자신의 몸을 뒤집는다는 건 일어서기 위해 반드시 거쳐야 하는 과정이다. 뒤집어야 다리를 써서 몸을 바로 세울 수 있다. 뒤집지 못하면 인간은 절대 자신의 두 발을 땅에 디딜 수 없다. 소설에 등장하는 뒤집힌 물방개나 마찬가지다. 생후 백일까지 목을 가누지 못하거나, 6개월까지도 뒤집지를 못 하고, 9개월까지 혼자 앉거나 앉혀도 스스로 머리를 지탱하지 못한다면, 안타깝지만 부모는 아기의 운동장애나 발달장애를 의심해야 한다. 몸을 바로 뒤집지 못하고 평생 누워있는 이들은 자기 의지로 세상을 돌아다닐 수 없는 불구의 신세가 된다. 누운 자리는 짓무르고 등과 허리는 욕창에 걸린다. 인간은 몸을 뒤집으며 자립한다. 드러누운supine 자세에서 엎드린prone 자세로의 터닝은 더 이상 타인의 보살핌을 의지하지 않고 자신의 두 팔과 두 다리로 땅을 딛고 일어서겠다는 의지의 표현이다. 김성모 화백의 표현대로, 엎드린 건 굴복이 아닌 추진력을 얻기 위함이다.

박재범과 사이먼 도미닉의 「뒤집어버려」라는 노래를 좋아한다. 노래엔 다음과 같은 랩이 있다. 스웩 넘치게 다 같이 함 읽어보자. 소리 질러~!

뒤집어
안될 거란 생각은 뒤로, 언제나 네 자신을 믿어
끝나기 전에 계속 도전해 예, 위 온 파이어Yeah, we on fire
아직도 넌 눈치만 보고 있어, 아무도 몰라 발 딛기 직전

왜 아직 기적을 기적이라고 믿어, 매 순간이 기회라고 그 네

거티비티negavity 당장 뒤집어 버려, 여섯 번 넘어져도 777

난 못 먹어도 ㄱㄱㄱㄱ

하늘 위로 땀이 고여, 비가 와도 웃을 수 있게

취해서 말이 꼬여도 내 두발로 딱 설 수 있게

턴Turn 부정적 생각 업사이드다운upside down 기분 높게 올려

놔 봐

벌레에게 뒤집힌 자세는 죽은 자세다. 자신의 의사와 상관없
이 포식 상태에 빠질 위험이 있다. 에프킬라를 맞은 해충은 푸드
득 경련을 일으키다가 몸을 뒤집고 버둥거린다. 수 초에서 수 분
넘게 발버둥 치던 다리들이 서서히 풀리고 요란한 날갯짓이 멈출
때쯤 벌레는 하늘을 올려다보며 자신의 야속한 신세를 한탄한다.
의식이 아직 조금 남아있을 때 인정사정없이 파리채 세례를 받아
터져죽는 놈들은 더 사나운 운명을 타고난 놈들이다. 벌레만이 아

TURN: 인간 자립의 터닝

드러누운 자세	엎드린 자세
단계: 신생아(newborn baby)	단계: 토들러(toddler)
상태: 의존하던 나	상태: 자립하는 나
도구: 울음과 칭얼대기	도구: 두 팔과 두 다리
자세: 하늘 보기-자포자기	자세: 땅 보기-추진력
성격: 이상적(idealistic)	성격: 현실적(realistic)
운명: 바로 태어났거나 곧 죽거나	운명: 꿋꿋하게 살아가기

니다. 횟집 앞에 전시된 수족관 속의 생선들을 보라. 열심히 수조 속을 헤엄치는 놈들과 달리 배를 뒤집고 물살에 자신의 몸을 내어맡기는 건 모두 하나같이 죽음의 문을 건너가고 있는 애들이다.

몸을 뒤집자. 박재범과 사이먼 도미닉의 가사처럼 터닝하자. "우린 의미 없는 것에 시간을 뺏겨버린 걸 뒤늦게 느껴. 자신의 삶을 모두가 지켜보고 있다는 그놈의 착각. 그거 하나만 버리고 살아도 꽤 줄어드는 부담감. 서두를 필요는 없잖아. 모든 건 다 신의 계획 아래 힘들 게 얻은 컷, 그 다음 씬은 행가래."

CHAPTER 3

영화에 반전이 없다면 그것만큼
싱거운 스토리도 따로 없다

이솝우화인가? 소싯적 모두 개미와 베짱이 이야기를 읽었을 것이다. 무더운 여름 개미는 땀을 뻘뻘 흘리며 일한다. 겨우내 먹을 양식을 모으려고 곳간을 채운다. 병정개미들이 음식을 탐내는 적들을 물리치고 보급로를 확보하면, 일개미들은 바삐 오가며 흩어져있는 양식들을 물어다 옮긴다. 그들에겐 최저 시급조차 없다. 자신의 몸집에 수십 배 되는 짐짝을 옮기는 건 예사다. 주변엔 여러 명이 달라붙어야 겨우 끌고 갈 수 있는 왕거니들도 적지 않다.

보모개미는 어린 유충들을 먹이고 돌보는 데 여념이 없고, 여왕개미는 쉴 새 없이 새끼들을 낳느라 허리가 휠 지경이다. 이렇게 개미집은 모든 개미들의 노동이 집약되어 하나의 거대한 왕국이 된다. 마치 한 치의 오차 없이 미세하게 조정된 시계의 톱니바

퀴처럼 각자의 위치에서 주어진 임무를 수행한다. 그러다 탈진해서 쓰러지고 사고로 다리 하나 끊어져도 산재는 기대할 수 없다. 지독한 노동 착취 구조 위에 세워진 왕국이 바로 개미집이다.

반면 베짱이는 개미와 전혀 다른 라이프스타일을 갖는다. 우선 자고 일어나는 시간부터 다르다. 밤새 작곡에 매달리다가 늦게 잠들기 일쑤인 베짱이는 아침나절 이리 뒹굴 저리 뒹굴 방바닥을 구르며 온몸으로 방의 평수 재는 놀이를 한다. 그러다 해가 중천에 뜨면 크게 기지개를 켜고 찌뿌듯한 몸을 일으켜 기타 하나 달랑 매고 슬리퍼 찍찍 끌며 어슬렁어슬렁 거리를 나선다. 그의 취미는 버스킹이다. 나무 그늘에서 편히 쉬며 기타에 맞춰 노래만 부른다. 아래로는 소금땀 비지땀 흘리며 연신 무거운 짐짝을 나르는 개미들의 일하는 모습이 보인다. 이에 영감을 받아 베짱이는 세상의 독점 자본주의와 잔인한 노동 착취 구조를 비난하는 힙합을 쓴다.

그렇게 두어 시간 노래를 부르다 그것마저 시시해지면 냇가로 가서 마른 목을 축이며 보기 좋게 낮잠 한 판을 때린다. '가벼운 브런치에 시에스타siesta가 빠질 수 없지.'(시에스타: 지중해 연안과 라틴 문화권에 있는 낮잠 문화) 입에선 룰루랄라 콧노래가 절로 나온다. 그는 꿈을 꾸면서도 예술혼에 불탄다. 장자의 호접몽胡蝶夢을 베짱이도 꾼다. 내가 나비인지 나비가 나인지 모를, 그래봤자 나비에서 베짱이로 도긴개긴이지만, 현실과 이상을 오가는 꿈 속에서도 베짱이는 개미들의 살인적인 노동 현실을 디스하는 가사를 써내려간다.

이렇게 여름이 가고 가을이 오며 다시 가을이 가고 겨울이 찾아온다. 대지는 눈으로 덮이고 푸르던 세상은 어느덧 순백의 설원이 된다. 개미들은 여름 한철 꾸려 놓은 곳간에 옹기종기 둘러 앉아 따뜻하고 풍족한 식사를 나누며 치열했던 여름날의 노동을 아련한 추억으로 떠올린다. 바깥바람이 매서울수록 개미들은 더 든든한 집에서 배부르고 안락한 하루를 보낸다. 그때 누군가 문을 두드리는 소리. 똑똑! 문을 열어 보니 베짱이가 서 있다. 몰골을 보아하니 이미 여러 날을 쫄쫄 굶은 게 분명하다.

'이렇게까지 해야 하나?' 어쩌면 개미집을 찾아가는 건 베짱이의 선택지 중에서 맨 아래에 놓여 있었을지 모른다. 도무지 떨어지지 않는 발걸음을 옮겼다 돌아섰다를 수차례 반복했을 베짱이. 분명 베짱이 입장에서 자존심이 허락하지 않았을 것이다. 하지만 이렇게라도 개미의 자비를 기대하며 문을 두드리지 않는다면 그에게 남은 건 굶어 죽거나 얼어 죽거나 둘 중 하나 밖에 없었다. 베짱이는 떨어지지 않는 입을 열어 나직이 음식을 청한다. "잘 지냈니? 으음, 냄새를 보아하니 분명 고기 스튜를 끓인 게로구나. 아냐, 부야베슨가?"

집안 거실에서 난로를 쬐던 개미가 묻는다. "누구야?" 문 쪽으로 걸어 나온 개미가 시큰둥하게 말한다. "이것 좀 봐. 베짱이가 찾아왔네.""뭐, 베짱이? 아니 그 딴따라가 웬일로?" 어디 재미있는 구경이라도 났는지 빼꼼히 고개를 내민다. 베짱이는 더욱 불쌍한 표정을 지으며 사시나무 떨 듯 바들바들 거린다. 그러나 문을 열어준 개미는 실낱같은 희망을 붙들고 있던 베짱이에게 카운터펀치를 날린다. "여름에는 노래를 했으니 겨울에는 춤이나 추렴." 그 말과 함께 문은 베짱이의 면전에서, 아니 베짱이의 코앞에서 쾅하고 닫힌다. 돌아서며 나누는 두 개미의 대화가 벽을 타고 어렴풋이 베짱이에게 들린다. 아니 일부러 들으라고 외치는 말 같다. "어우야, 그래도 너무 심한 거 아냐?" "놔둬. 지도 느끼는 바가 있겠지." 베짱이는 무거운 걸음을 돌이켜 어두운 거리로 나선다. 터벅터벅 이미 다리에 힘이 풀려 제대로 걸을 수 없는 베짱이는 터덜터덜 한 번 크게 휘청이다가 눈길에 쓰러지고 만다. 점점 흐릿해지는 그의 의식 속에 지난날이 주마등처럼 지나간다.

빌보드 핫100에 오른 베짱이—반전 이야기

베짱이에게 잔혹 동화에 가까운 이 이야기를 이렇게 뒤집어 보면 어떨까? 베짱이는 원래부터 개미와 다른 습성, 다른 인생관을 가지고 있었다. 케세라세라, 노세 노세 젊어서 노세가 베짱이의 인생철학이었다. 베짱이는 개미처럼 하루 종일 잘게 부순 음식들을 나를 수 있는 튼튼한 허리도 없다. 볼품없는 앞발에 허술한 날개, 기다란 몸통에는 비율이 맞지 않는 긴 뒷다리가 붙어 있었다. 애초에 기다란 뒷다리는 개미처럼 땅을 안정적으로 기어 다니기에 맞지 않았다. 기껏 베짱이는 넓은 보폭으로 엉중겅중 뛰어 다녀야 했다. 차라리 그는 한곳에 우두커니 앉아서 지나다니는 먹잇감을 사냥하는 스나이퍼 방식에 더 알맞은 신체 구조를 지니고 있었다.

대신 신은 베짱이에게 목소리와 음악성을 주었다. 베짱이는 많은 사람들의 생각과 달리 게으르거나 미련하지 않았다. 도리어 자신만의 방식으로 근면 성실했다. 그는 로큰롤의 계보를 잇겠다는 다부진 목표로 하루에 다섯 시간 이상 기타 연주에 매달렸고, 득

음을 위해 근처 분수대로 전지훈련을 떠나기도 했다. 일찌감치 싱어송라이터를 꿈꾸며 화성학과 작곡 이론을 섭렵했으며, 귀뚜라미와 매미 같은 당대 이름을 날린 보컬들의 레이블을 듣고 또 들었다. R&B에 힙합을 추가하며 레퍼토리도 늘어났다. 한해 두해 그렇게 해를 거듭하면서 베짱이의 실력은 일취월장했다. 베짱이의 데모 테이프를 듣고 유력한 음반회사 전무인 어치가 그를 찾아와 전속 계약을 맺자며 파격적인 제안을 했다. "계약합시다. 독특한 바이브레이션과 마성의 보이스가 어우러진 보기 드문 인재네요."

베짱이는 뮤지션이라면 누구라도 서고 싶어 하는 꿈의 무대 카네기홀에 초청되었다. 그의 콘서트 실황 음반은 불타나게 팔려 그해 빌보드 핫100에 올랐고, 판매고 백만 장을 훌쩍 넘기며 「음중」이 뽑은 올해의 음반, 플래티넘을 수상하기도 했다. 자연스레 「런닝맨」 같은 예능 프로 섭외 1순위가 되었다. 모 TV 「히든싱어」에 출연한 것도 아마 그 때쯤이었을 것이다. 그해 연말 국민가수로 추앙받자, 이듬해 온갖 CF가 쏟아져 들어왔다. 그의 음악은 어느 거리 어느 골목을 가나 구석구석 울려 퍼졌다. 클럽 삐끼들은 그의 가슴팍에 '베짱이'를 박았으며, 베짱이 이름을 딴 빙과와 제과까지 나왔다. 개미 군단들도 폭염의 더위 속에서 구슬땀을 흘리며 일을 할 때 노동요로 베짱이의 음반을 들었다. 개미들은 베짱이의 시원시원한 샤우팅 창법에 전율하며 잠깐 그늘에서 더위를 식혔다.

　그 중에 베짱이와 어린 시절을 함께 보낸, 그러면서 한때 베짱이처럼 뮤지션을 꿈꿨던 한 개미는 TV에 등장한 베짱이의 모습을 멍하니 바라보았다. 그러면서 혼잣말처럼 되뇌었다. "베짱이 개부럽다." 이미 그의 목소리는 오랜 육체노동으로 쉬어버렸고, 그의 성대는 먼지와 모래를 삼키면서 미친년 머리처럼 천 갈래 만 갈래 갈라졌다. 한때 그에게도 꿈이 있었다. 대학가요제에서 입선했을 때만 해도 꿈이 손에 잡힐 듯 가까이 있는 것 같았다. 늙은 노모가 피를 토하고 쓰러져 어쩔 수 없이 취업 현장에 뛰어들었을 때에도 아무리 늦어도 한두 해 뒤에는 꼭 가수로 데뷔할 거라고 다짐했다. 「슈스케」 시즌 3에 지원할 때에도 베짱이는 친히 개미에게 전화를 걸어 오랜 친구의 꿈을 응원해 주었다. 그러나 그게 끝이었다. 이후로 누구도 개미를 찾지 않았고, 누구도 개미의 노래를 들어주려고 하지 않았다. 결선에서 떨어질 때에도 "어디서나 들을 수 있는 너무 평범한 보이스네요. 소리 반 공기 반을 섞으세요."라는 충고를 들었다. 그렇게 개미를 위한 무대는 꺼졌다.

　홍대나 대학로에서 버스킹 하는 것도 용기가 필요했다. 하루는 큰맘 먹고 죽마고우였던 베짱이를 찾아가 사정해 보기로 마음먹었다. 자존심이 강했던 개미에게는 쉬운 결정이 아니었다. 낭만적인 기대는 버렸다. 이미 곤충의 세계에서 알 곤충들은 다 알만큼 성공한 가수였던 베짱이에게 유력한 기획사를 소개 받고 후원

을 약속 받는다는 게 그렇게 생각처럼 쉬운 일이 아니라는 것쯤
은 개미도 잘 알고 있었기 때문이다. 하지만 지금은 잠시 자존심
을 구겨서라도 자신의 결의를 보여주어야 할 때라고 생각했다. 떨
어지지 않는 발걸음이지만 더듬이를 깨물며 베짱이에게 자신의
데모 테이프를 전달하고 싶었다. "베짱아, 이거 한 번 들어주라."
"어, 개미야. 너 아직도 가수의 꿈을 가지고 있는 거야?" "으, 으
웅. 그게 쉽게 단념이 안 되네….."

테이프에 녹음된 노래는 세 곡이었다. 세 곡 모두 유명 가수의
노래를 따라 부른 것들이었고, 그 중에 한 곡은 공교롭게 베짱이
의 메가 히트곡 '걱정하지 말아요'였다. 베짱이는 시큰둥하게 노
래를 스킵하며 듣다가 자신의 노래가 나오자 멈칫하며 끝날 때까
지 귀 기울여 듣는다. '그대여, 아무 걱정하지 말아요. ♬♪ 우리
함께 노래합시다아~ ♩ 그대 아픈 기억들 모두 그대여~ 그대 가
슴에 깊이 묻어버리고♪' 들으면서 베짱이의 입가에 야릇한 미소
가 번진다. 이윽고 노래가 끝나고 10초 정도의 어색한 침묵이 둘
사이에 흐른다.

침묵을 먼저 깬 건 개미였다. 헛기침을 하면서 그는 베짱이의
눈치를 살피며 묻는다. "어, 어때? 꽤, 괜찮아?" "흐음….." 베짱이
는 자신의 더듬이를 만지작거리며 거드름을 피운다. "뭐, 나쁘진
않네." 독설을 예상했던 개미는 뜻밖의 반응에 애써 환하게 웃는
다. "그, 그래? 다행이네." 그러나 희망고문은 오래 가지 않았다.

베짱이는 딱 잘라 말한다. "근데 개미야, 너 이거 계속 해야겠니?" "…" "넌 특징이 없어, 특징이…. 뭐라 말할 수 없는 그 센스가 없다고."

더 이상 쓰진 않겠다. 아까부터 자꾸 벌레 이야기로 도배해서 죄송하다. 독자들이라면 내가 하고 싶은 이야기를 잘 알 것이다. 본래 우리가 익히 알고 있는 개미와 베짱이의 결말과 다른 줄거리는 언뜻 개미에 대한 베짱이의 통쾌한 복수극처럼 보이지만, 사실 어떤 삶이 바람직한 삶인지 인생에는 정답이 없다. 우직한 개미의 삶과 화려한 베짱이의 삶은 단순히 같은 층위에서 비교 불가하다. 부지런함과 근면함, 성실함이 게으름, 나태함, 무책임함을 이긴다? 과연 그럴까? 그렇게 생각했다면, 과감하게 턴을 하자. 뒤집자. 그렇다고 개미의 삶이 무의미한가? 결코 아니다. 재능과 꿈을 좇는 피터팬이 영원히 늙지 않아야 그의 모험이 의미 있을 것이다. 어떤 이에게 성공은 개미처럼 계획성과 꾸준함으로 쌓아 올리는 성채일 수 있다.

자, 선택하라. 인생의 반전은 지금 테이블에 앉아 있는 여러분의 턴에 달려 있다.

TURN: 두 가지 종류의 인간상

개미적 인간	베짱이적 인간
필연, 계획에 따라 살아가기 '티끌 모아 태산이다.' 안전한 직장과 노후를 갖기 MUST: '해야 하니까 일한다.' 주어진 일을 숙명처럼 받아들임 성실히, 열심히 일하는 게 미덕임 work hard	우연, 기회에 따라 살아가기 '개천에서 용 난다.' 좋아하고 잘 하는 일을 하기 WANT: '하고 싶을 때 일한다.' 언제나 삶의 모험과 반란을 계획함 똑똑히, 나답게 일하는 게 미덕임 work smart

원심력을 삶의 원동력으로 삼아라
―회전은 추진력을 낳는다

영화 「캐스트 어웨이」를 감명 깊게 본 적이 있다. 안 본 분들 중에 이 영화를 단순한 『로빈슨 크루소』나 『파리대왕』의 아류쯤으로 생각했다면 큰 오산이다. 이 영화는 제목에서 알 수 있듯이 현대 시간과 공간에서 완전히 '유폐된' 한 현대인의 문명사를 가로지르는 유턴을 진지하게 그리고 있다. 세계적인 택배회사 페덱스의 직원인 톰 행크스는 화물 운송 중에 난기류를 만나 망망대해에 추락해 수일을 표류하다 어느 이름 모를 무인도에 떠내려오게 된다. 인적 하나 없는 외딴섬에서 그는 마치 타임머신을 타고 선사시대로 돌아간 원시인처럼 지천에 널려 있는 코코넛과 게, 생선들로 목숨을 연명한다. 도착한 첫날 해안가에 큼지막한 SOS를 그려놨지만, 넋 놓고 외부의 구조를 기다릴 수만은 없다. 이곳에서 꽤 오랜 세월, 어쩌면 평생 살아가야 할지도 모른다는 불길한 생각이 그를 엄습한다.

정신을 차리면서 생존에 도움이 될 것들을 주변에서 하나씩 구하기 시작한다. 무엇보다 화식火食과 보온을 위해 당장 불이 필요했다. 얼마 전까지 살았던 도시 문명 세계에서 가스레인지 다이얼 한 번 돌리면 손쉽게 얻을 수 있었던 그 흔해 빠진 불씨를 하나 만들기 위해 그는 온갖 과학 지식을 총동원한다. 결국 그가 선택한 건 나뭇가지를 이용해서 마찰력으로 불을 피우는 것이었다. '이럴 줄 알았다면 진즉에 베어 그릴스를 열심히 시청할 걸 그랬다.' 머릿속에 이론으로만 존재했던 지식이지 그간 한 번도 실전에 써보지 않던 도전이었다.

그는 처음부터 난관에 부딪힌다. 적절한 도구를 찾는 일에도 수일이 걸린다. 그 과정에서 나뭇가지가 부러지며 손바닥을 꿰뚫는 불의의 사고를 당하기도 한다. 지혈할 물건을 찾다가 택배상자에서 빠져나온 배구공에다 괜히 화풀이를 한다. 강스파이크로 내동댕이쳐진 그 모습이 왠지 사람의 얼굴을 닮았는지 그는 피 묻은 배구공에게 말을 걸게 되고, 그렇게 외로운 무인도 생활에서 말벗이 되어줄 친구가 생긴다. 이름은 윌슨, 다름 아닌 배구공 브랜드에서 따왔다.

여러 번의 시행착오 끝에 불씨를 얻으려면 마찰력과 끈기, 그리고 연소에 필요한 공기가 필요하다는 사실을 깨닫는다. 여러 차례 실패 끝에 결국 막대기를 집요하게 비벼 불을 창조한다. "내가 불을 지폈어! 내가 불을 지폈다고! 내가 창조한 걸 보라고!" 인간에게 불을 전달한 프로메테우스, 아니 불을 만든 창조주가 별건가? 이미 땅거미가 내려앉고 모든 것이 적막한 가운데 그가 무인도에서 얻은 첫 번째 불씨로 키운 모닥불 파티가 벌어진다. 불로 익힌 대게 구이는 그야말로 환상적인 맛이다. 뉴욕 맨해튼 번화가 미슐랭 쓰리스타 레스토랑에서 정장 차림에 먹는 랍스터 요리와 비교해도 결코 뒤지지 않을 만찬이다.

터닝이 회전을 이루면 추진력이 생긴다. 톰 행크스처럼 일상에서 터닝을 통한 원동력을 얻는 방법에는 어떤 것들이 있을까? 첫 번째, 터닝포인트를 만들어라. 터닝포인트turning point는 무수한 회전에서 얻어진다. 손바닥으로 나뭇가지를 비벼 불씨를 만든 인류는 섬유를 비벼 실을 완성한다. 불과 실은 모두 인간의 집요한 터닝으로 탄생했다. 어떻게 하찮은 막대기를 돌려 불을 낼 생각을 했을까? 모두 M=hr 공식으로 얻어냈다(chapter 13을 참고할 것). 인간 스스로 불을 창조하게 되면서 벼락이나 산불 같이 자연 발화로 일어난 불씨를 더 이상 애지중지 보관할 필요가 없어졌다. 우연의 습득bonanza을 필연의 자산asset으로 대체한 것이다. 날 것으로 먹던 고깃덩이도 이제 근사하게 불에 익혀 먹을 수 있게 되었고, 더 이상 겨울의 매서운 추위에서 서로를 부둥켜안고 벌벌 떨고 있을 필요가 없어졌다. 집요한 터닝을 통해 인류 최초의 바비큐 파티와 구들장 문화가 탄생한 것이다.

불의 발명은 단순히 선사인류의 식생활만 바꾼 게 아니라 평균 수명을 늘렸고 지능의 진화를 촉진했다. 동굴에서 벌인 캠프파이어로 인간의 생존율이 비약적으로 높아졌으며, 화식을 통한 단백질의 공급으로 뇌의 용량은 급격히 늘어났다. 불은 또한 야간 문화를 가져왔다. 해만 지면 영락없이 잠자리에 들어야했던 인간들은 모닥불 주위에 옹기종기 모여 앉아 연장자의 옛날이야기를 들을 수 있게 되었다. 그 이야기는 세대를 거치며 전설이 되었고, 전설은 위대한 문명을 건설하는 문화적 상상력을 낳았다. 이렇게 스토리텔링과 신화, 엔터테인먼트가 자연스레 갖추어졌다. 이 모든 게 터닝으로 시작된 것이다.

터닝 → 불의 발명 → 화식과 보온 → 생존과 진화 → 신화와 문화

뿐만 아니다. 인간은 식물의 줄기나 잎에서 가느다란 섬유를 뽑아낼 수 있게 되었고, 여러 개의 다발을 손바닥으로 비벼 점점 굵고 질긴 실을 만들 수 있게 되었다. 불을 창조할 때와는 다른 터닝이다. 불이 앞뒤로 오가는 터닝이었다면, 실은 한쪽 방향으로 반복하는 터닝이었다. 인간은 점차 실들을 서로 겹치면서 씨실과

날실의 원리를 터득했고, 시간이 흐르며 더욱 정교한 직조 기술을 알아냈다. 이렇게 실은 천을 낳았고, 천은 옷을 낳았다. 옷은 인간의 원초적 수치를 극복하는 데 필수적인 도구였다. 벌거벗은 몸을 가리고 신체의 급소들을 덮으며 비로소 인류는 패션에 눈을 뜨게 되었다. 자신의 벌거벗은 몸을 훔쳐볼 사람이 아무도 없는 무인도에서도 톰 행크스는 코코넛 섬유를 이용해 옷부터 만들어 걸쳤으니 이건 아예 인간의 본능으로 자리 잡은 셈이다.

터닝 → 실의 발명 → 천과 옷 → 보온의 기능과 수치의 극복 → 패션 문화

두 번째, <u>삶의 원심력이 생길 때까지 지속하라.</u>

잠깐 하다가 말면, 불은 붙지 않는다. 작은 불씨가 커다란 불길로 타오르려면 끈기 있게 터닝을 지속해야 한다. 인류사라는 거시적 관점에서부터 나 자신이라는 미시적 관점으로 이야기를 돌려보자. 우리 인생의 터닝 역시 터닝포인트를 만든다. 이 터닝은 앞서 말한 유턴이 될 수도 있고, 새로운 방향으로의 전환이 될 수도 있다. 터닝포인트는 꽉 막힌 인생의 변환점이자 새로운 방향으로의 분기점이다. 획기적인 터닝은 인생에 장대한 울림을 만들어낸다. 양 손바닥 사이에 막대기를 끼우고 비비면 좌우에 매달린 나무 구슬이 원심력에 의해 빙글빙글 돌면서 막대기 위에 달린 북을 통통 치는 장난감이 있다. 흔히 병정 모양을 한 그 장난감은 의

미 없이 제자리를 돌고 있는 것 같지만 장구를 치며 사운드를 만들고 있는 셈이다.

나는 이것을 '터닝의 자가발전모델'이라고 말한다. 많은 사람들의 재무 상담을 해주면서 나는 고객들에게 그들이 가진 일정한 자산이 불어날 때까지 끈기 있게 기다릴 것을 조언한다. 얼마 안 되는 자신의 자산에 원심력이 생기기도 전에 초단타 데이 트레이딩 하는 사람처럼 매수와 매도를 강박증환자처럼 자꾸 반복하는 분들을 봤다. 그러면서 괜히 늘지 않는 통장을 보고 자책하거나 한탄한다. 터닝이 삶에 결과물을 가져다주려면 터닝이 스스로 돌아갈 수 있는 원심력이 생길 때까지 지속적으로 힘을 가해야 한다. 일단 원심력이 만들어진 자산은 마치 영구기관처럼 스스로 돈이 붙고 불어나게 된다. 순서가 있다. 돈을 '붓고' 돈이 '붙고' 돈이 '붙고' 한다. '붓붙붙'을 명심하고, 터닝의 발전기를 돌리자.

마이 턴 → 유턴(뒤집기) → 터닝(원래 자리로 돌아오기) → 반복 → 원심력

세 번째, 흔들리지 말고 계속 나아가라. 아무리 빨리 돌아도 바퀴의 중심은 고요하다. 마차의 바퀴를 보면, 아무리 속도가 빨라도 차축은 아무런 흔들림이 없다. 『도덕경』 11장에는 이런 구절이 있다. '있음이 이로움을 만드는 것은 없음이 쓰임새를 만들기 때문이다有之以爲利 無之以爲用.' 그 예로 노자는 수레 바큇살 30개가 하

나의 바퀴통으로 모이는데 정작 바퀴통은 텅 비어있기 때문에 수레가 굴러간다고 말한다. 바큇살은 정신없이 돌아가도 바퀴통은 고요하다. 바퀴통은 태풍의 눈과 같다. 태풍이 아무리 거세게 일어도 중심은 맑고 고요한 것과 같다. 태풍의 눈은 태풍에서 기압이 가장 낮은 곳으로 태풍의 위력이 강하면 강할수록 눈은 역설적으로 더욱 뚜렷해진다고 한다. 그래서 기상학자들은 태풍의 눈을 가지고 태풍의 위력과 강도를 가늠한다.

TURN: 터닝이 삶의 동력이 되는 방법

1. 계기―터닝포인트를 만들어라.
2. 끈기―원심력이 생길 때까지 지속하라.
3. 습관―흔들리지 말고 계속 나아가라.

트릿의 첫 단계 터닝은 이렇게 마쳤다. 터닝에는 적절한 타이밍이 요구된다. 턴은 타기 전에 부침개를 뒤집는 것이며 노래가 끝나기 전에 턴테이블의 바늘을 올리는 것이다. 이제 구체적으로 어떤 과정들을 터닝해야 하는지 다음 챕터에서 알아보도록 하자.

트릿!

읽어라

TURN · READ · EARN · ASK · TRAIN

읽는 행위reading는 평범함을 뛰어넘으려는 이들에게는 필수적인 과정
이다.

• 짐 론

CHAPTER 4

판세를 읽어라
─독서도 투자다

리더leader는 리더reader라는 말이 있다. 시중에 『리딩으로 리드하라』라는 책도 있다. 사람들에게 뭔가 그럴싸한 이야기를 하기 좋아하는 명사들의 입에 발린 이야기가 아니다. 나는 책을 읽지 않고는 누구도 장기적으로 성공할 수 없다고 생각한다. 일시적으로 운대가 맞아서 졸부가 되더라도 평소 책을 읽고 수양하지 않아 그토록 많았던 돈도 금방 눈 녹듯 사라지는 걸 여러 번 봤다. 독자들도 160억 로또에 맞은 남자가 5년 만에 가진 돈을 다 잃고 길거리 노숙자로 나앉았다는 식의 이야기를 심심찮게 들었을 것이다.

평소 직업상 나는 재무 컨설팅을 받으러 온 고객들을 관찰할 기회가 많다. 십인십색이라 정말 사람들마다 제각기 다른 방식으로 살아가는 걸 느낀다. 한 달에 1억은 눈 감고도 거뜬히 벌어들이는 플랫폼 회사 CEO에서부터 일주일 매출 천만 원씩 찍는 순 댓국밥집 사장님에 이르기까지 저마다 각양각색의 돈 버는 노하우를 가지고 있다. 하지만 남녀노소, 직업, 지역, 환경의 차이를 불문하고 한 가지 공통된 특징이 있는데, 그것은 책을 읽는 사람이 자신을 이해하고 세상을 바라보는 데 매우 균형적인 관점을 갖고 있다는 사실이다. 이 인상은 적어도 내 사전에 소름끼칠 정도로 단 한 번도 틀린 적이 없다.

책을 멀리 하는 고객치고 자신에 대한 이해, 세상에 대한 안목을 모두 갖춘 사람을 찾기 힘들다. 그저 뜬금없이 종목이나 잡아달라고 하는 고객들은 책보다 남의 말을 더 믿는다. 항상 조급하고 불안해하기 때문에 투자에서 아무리 수익이 나더라도 만족을 모른다. 이런 사람들은 유독 자기 고집이 세거나 팔랑귀의 소유자들이라 "요즘은 주식 시장이 과열되어 있으니 주식 비중 100퍼센트보다는 현금 비중을 늘리는 게 좋겠습니다."라고 조언해드리면 그러겠노라 하고 돌아가서 어디서 이상한 찌라시 하나 보고는 검증도 안 된 유령 같은 듣보잡 회사에 묻지마 투자를 싸지른다. 그 페이퍼컴퍼니는 몇 달 뒤 상장 폐지되면서 이전에 발행된 주식이 정월 대보름에 쥐불놀이에나 쓸 수 있는 휴지조각으로 전락했다. 책을 읽지 않는 사람들은 남 탓도 잘한다. 본인이 조언을 안 듣고 모든 상황을 망쳐놓고도 "내가 땡땡회사에 진입한다고 했을 때

머리끄덩이를 잡고라도 말렸어야죠."라며 도리어 적반하장으로 나온다.

반대로 평소 책을 가까이 하고 꾸준히 읽는 고객들은 벌써 이해도에서부터 차이가 난다. 내가 어떤 조언을 하더라도 매우 수용적이다. 자신이 원하는 바를 정확하고 간결한 언어로 표현할 줄도 알고, 상대방의 말이 가진 어감이나 분위기도 빠르게 알아챈다. 이들은 무엇보다 자신에 대한 이해가 분명하기 때문에 남들이 주변에서 무슨 말을 하든지 쉽게 흔들리지 않는다. 마치 뿌리 깊은 나무가 바람에 흔들리지 않는 것처럼…. 이들은 이성과 감정을 잘 구분하며 상식과 통찰을 고루 겸비했다. 어떤 상황에서 어떤 말을 해야 할지 잘 알고 남의 감정을 다치지 않게 자신의 주장을 펼 줄 안다.

트릿의 두 번째 단계는 리드다! 앞서 터닝에 대해 배웠는데, 터닝을 가능하게 하는 단계가 바로 리딩이다. 버락 오바마는 독서를 두고 '다른 모든 배움이 가능하도록 만드는 관문의 기술gateway skill'이라고 말했다. 독서를 거치지 않고서는 세상 모든 배움으로 나아갈 수 없다는 말이다. 읽는 기술이 자신의 성장과 일의 성공을 가져온다. 이건 진리다!

독서 — 보이지 않는 끈

사실 책과 성공은 보이지 않는 끈으로 연결되어 있어서 뭇 사람들이 쉽게 발견하거나 눈치 채지 못한다. 일찍이 애덤 스미스가 시장을 움직이는 '보이지 않는 손invisible hand'을 말했다면, 나는 평범한 사람을 성공으로 이끄는 '보이지 않는 끈invisible string'을 말하고 싶다. 보이지 않는 손이 수요와 공급의 균형을 맞추어 시장 가격을 형성하듯, 보이지 않는 책의 끈은 독서하는 사람이 결국 어떤 분야에서든 성공자로 올라설 수 있게 끌어당긴다. 그 끈은 눈에 보이지는 않지만 매우 견고하여 여간해선 끊어지지 않고 결국 둘을 하나로 묶어 맨다. 인생의 고비 때 만난 좋은 책 한 권은 그 사람의 운명을 바꾸어놓을 만큼 절대적인 영향력을 지녔다. 성공에 도달하거나 그 성공을 유지하는 데 책은 가장 좋은 아교이자 가교가 된다.

앤드루 카네기를 아는가? 카네기멜런대학을 세운 그 카네기 말이다. 미국의 철강왕 카네기는 자서전에서 이런 보이지 않는 책의 끈과 관련한 자신의 일화를 소개한다. 그가 전신국 보조로 일하던 어린 시절, 군에서 막 퇴역한 대령이 4백여 권의 장서를 매주 토요일마다 지역 학생들이 빌려 볼 수 있도록 풀었다. 책이 지폐만큼 귀했던 시절에 자신의 서재를 동네 도서관으로 개방한 셈이다. 대령은 원래 지역의 기술직에 몸담은 청소년들만 책을 대출할 수 있게 권리를 제한해 놓았는데, 어린 카네기는 전보를 전달하는 자신도 책을 빌려 볼 수 있게 해달라고 신문에 기고하는 열정을 보였다.

간절함은 결실을 맺었다. 대령은 독서에 대한 카네기의 집착을 가상하게 여겨 책을 빌려주었다. 그때 카네기가 서재에서 침 발라가며 읽었던 책들이 훗날 사업가로서의 성공에 커다란 밑거름이된 건 두말 하면 잔소리일 것이다. 책에 대한 열정으로 카네기는 말년에 사재를 털어 전 세계에 수천 개의 공공도서관을 건설했고, 사람들은 그런 그를 가리켜 '도서관의 수호신'이라고 불렀다. 너무 영예스런 별칭 아닌가? 아직도 미국을 돌다 보면 지역마다 그가 세운 카네기 도서관을 만날 수 있다. 그는 죽었지만 그가 곳곳에 남긴 책의 보고寶庫는 오늘도 독서의 중요성을 증언하고 있다.

그는 자서전에서 이렇게 회상한다. "나는 나의 어린 시절 경험에 비춰봐서, 능력이 있고 그 능력을 키우고자 하는 야심이 있는 청소년들을 위해서 금전적으로 할 수 있는 최선의 방법은 하나의 공동체에 공공 도서관을 설립하고 그곳을 모든 사람들의 것으로 만드는 일이라고 확신하게 되었다. 나는 미국 전역에 수많은 도서관을 창설하는 기쁨을 맛볼 수 있었으며, 이것은 내 생각이 틀리지 않았다는 점을 증명해 주고 있다고 생각한다. 전국의 각 도서관에서 단 한 명씩의 소년이라도 내가 앤더슨 대령의 손때 묻은 4백 권의 책에서 받았던 감명과 은혜를 반만이라도 느낄 수 있다면, 내가 해온 일들이 전혀 헛되지 않은 것이라고 생각하게 될 것이다."[1]

세계적인 명사들은 분명히 말한다. "책을 읽어라. 평소 책을 읽지 않고 성공하겠다고 나대지 말라." "돈을 벌고 싶은가? 책을 읽어라." 성공자가 되는 길은 매우 다양하다. 하지만 성공자들은 한 가지 공통점을 가지고 있다. 바로 책을 읽는 습관이다. 터키의 국민 소설가이자 노벨 문학상 수상자인 오르한 파묵은 "어느 날 한 권의 책을 읽었다. 그리고 나의 인생은 송두리째 바뀌었다."라고 고백했다. 진정 인생을 바꿔줄 책 한 권을 만나는 행운은 세상 어떤 재화와도 바꿀 수 없는 최고의 자산이다. 책은 그 사람의 인생과 가치가 오롯이 담겨 있는 보고다. 2만 원 안팎의 책 한 권을 읽고 얻는 가치는 무한하다. 개인적으로 독서가 주는 가치에 비해 책값이 너무 싼 거 같다. 책 읽는 사람은 출발부터 다르다. 남들이 가지지 못한 독서라는 자산을 보유하고 출발선에 서기 때문이다.

슬프게도 고객들과 이야기하다 보면 자신의 주량을 자랑하는 사람은 많아도 자신의 독서량을 자랑하는 사람은 적다. 동료들에

---

1   앤드루 카네기, 『철강왕 카네기 자서전(나래북)』, 박별 역, 84~85.

게 따끈따끈한 신상 노트북이나 기백만 원 하는 명품백은 자랑하면서 어제 자신이 읽은 자기계발서 한 줄을 소개하는 회사원은 없다. 요즘 점심시간에 회사 주변 식당을 돌아다녀 보면, 식탁에 앉아 밥 먹을 때 낄낄대며 휴대폰을 보는 직장인은 많아도 책을 끼고 느긋하게 독서를 하는 직장인은 매우 드물다. 트럼프니 바이든이니 남의 나라 뉴스는 줄줄이 꿰면서 이번 달 서점에서 핫한 인문학 도서는 뭔지, 모모 작가가 무슨 책으로 북콘서트를 하는지는 전혀 모르고 관심도 없다. 오해하지 말자. 해외 뉴스가 무의미하다는 말이 아니다. 결국 그러한 세계의 흐름과 시사에 대한 이해는 평소 꾸준한 독서로 완성된다는 말이다.

자신이 회사에서 후배를 가르치는 사수라면 더 책을 읽어야 한다. 영국의 위대한 극작가 조지 버나드 쇼는 말했다. "너도 읽지 않을 책을 자녀에게 절대 주지 마라. 이것이 독서의 변치 않는 원칙이다." 내가 모르는 걸 남에게 권하지 마라. 그건 반칙이다. 후배에게 책을 주려면 먼저 그 책을 읽어라. 독서도 하지 않으면서 후배 앞에서 "라떼는 말이야~."를 시전하지 말라. 이제 나이와 경륜으로 뭉개는 시대는 갔다. 평소 꾸준한 독서로 자신의 실력을 키우지 않으면 아래에서 치받고 위에서 깔아뭉개는 무한경쟁시대에서 살아남기 어렵다.

READ: 돈으로 환산한 리딩의 가치

책 = 지폐

책장 = 금고

책 한 장 = 만 원 한 장

독서가 주는 혜택과 이익에 비해 책 한 권의 값은 너무 싸다. 나는 책 한 권은 지폐 한 다발, 수표책이라고 말한다. 아무리 유튜브다 블로그다 지식을 전달하는 매체가 다양해졌다 해도 책 한 권이 주는 정보량은 압도적이다. 내 사무실 한 쪽에는 그간 읽은 책들이 일일이 박혀 있다. 책장은 나에게 가장 소중한 금고와 같다. 나는 매일같이 사무실에 출근해서 마치 의례를 행하는 사제처럼 책장에 꽂힌 장서들을 어루만지며 독서가 나에게 전달해 준 지혜를 되뇐다. 독서의 신이 주는 신탁을 기다리며….

최소한 경제지는 읽고 투자를 해야

난 재정적 자유를 원하는 사람이라면 매일 아침 종류를 무론하고 경제신문 한 부는 꼭 읽어야 한다고 생각한다. 경제에 대한 단기적인 안목과 장기적인 관점을 모두 갖는 데 경제신문과 경제지만한 게 없기 때문이다. 그럼에도 경제지보다 증권 찌라시를 더 찾는 고객들을 보면 안타까움을 넘어 화가 난다. 경제지를 읽고 경제 흐름과 동향을 알지 못하면, 요령要領이 아닌 요행僥倖을 바라는 것이며 투자投資가 아닌 투기投機를 하는 셈이다.

처음에 뭐가 뭔지 몰라도 상관없다. 이해가 가지 않는 게 차라리 정상이다. 그냥 읽어라. 가랑비에 옷 젖는다. 활자를 읽고 숫자를 읽어라. 매주 혹은 격주마다 발행되는 경제지도 하나 선택해서 읽어라. 자비로 구독해서 읽어도 좋고 동네 도서관에 가서 신청해도 좋다. 요즘 지자체마다 예산을 쓰지 못해서 난리다. 내가 필요한 경제지는 지역 도서관에 가서 당당히 요구해라. 아마 쌍수 들고 환영할 것이다. 물론 휴대폰을 달고 사는 요즘에는 인터넷 경제지로도 충분히 신문에 버금가는 정보를 얻을 수 있다. 경제지를 읽는 효과적인 방법은 따로 있다.

READ: 경제지 읽는 방식

1. 매조꾸 원칙―매일 조금씩 꾸준히!
2. 다양하게 읽어라.
3. 용어와 개념에 주목하라.
4. 주간지나 시사지로 보충하라.

나는 오랜 시행착오를 통해 다음과 같은 리딩 방식을 완성했고, 이런 식으로 매일 경제지를 읽는다. 첫째, 하루 30분 이상 경제지를 꾸준히 읽는다. 일주일에 하루 날 잡고 몰아서 읽거나 한 번에 왕창 읽는 것은 좋지 않다. 매일 애인 얼굴 보듯 설레는 마음으로 읽어야 한다. 소위 '매조꾸' 매일 조금씩 꾸준히 읽는 게 제일 좋다. 의무감에서 읽는 것보다 경제지에 재미를 붙여보는 게 좋다. '경제지에 재미라니?' 이게 무슨 개소리냐 반문하실 분이 벌써부터 눈에 선하다. 믿지 않겠지만, 매조꾸 하다 보면 '서서히', '시나브로'(이게 중요하다!) 재미가 느껴진다. 처음부터 어려운 경제 용어나 복잡한 주가지수보다는 가벼운 사회, 경제면을 먼저 독파하는 게 서서히 재미를 붙이는 데 지름길이다. 요즘 나는 바쁜 일정으로 매일 보기가 버거울 때도 있다. 그럴 때는 헤드라인이라도 읽자.

둘째, 한 경제지만 보지 말고 다양하게 읽는다. 최소한 2~3개 정도 보는 게 좋다. 하나만 보는 걸 피해야 하는 이유는 자칫

나도 모르게 편협한 시각을 만들 수 있기 때문이다. 신문이라 해도 종종 잘못되거나 의외로 부정확한 정보가 실린다. 다양한 경제지를 들춰보는 습관은 이러한 오류를 줄이고 다양한 특집 기사나 기획 섹션들을 통해 최근 경향이나 이슈들을 두루 점검할 수 있기 때문이다. 개인적으로 나는 「매일경제」를 주로 챙겨보는 편이다. 뒷광고하는 거 아니다. 뭐든 좋으니 여러 경제지를 접하는 게 좋다. 우리나라 경제지가 시야가 꽤 넓고 양질의 국제면을 제공하고 있기 때문에, 회사 앞 스벅에서 라떼 한 잔 시켜 놓고 괜히 분위기 잡을 때를 제외하고는 굳이 「파이낸셜타임즈」나 「월스트리트저널」 같은 영자신문까지 들춰볼 필요는 없어 보인다. 개인적으로 활동하는 단톡방에서 경제 관련 뉴스를 공유하는 것도 좋은 방법이다.

셋째, <u>따로 경제용어나 전문용어를 정리하면서 읽는다.</u> 맨 처음 경제지를 보는데 도움이 되도록 자주 등장하는 개념들을 익히는 차원에서 용어를 분류하는 건 좋은 습관이다. 대체 ROE가 뭔지 PBR이 뭔지 신문을 읽다가 자꾸 눈에 걸리는 용어들이 툭툭 튀어나온다면, '아, 이제 경제용어 공부를 할 타이밍이구나.'라고 생각하면 된다. 자주 반복되고 중요하다고 여겨지는 시사용어나 개념을 따로 노트에 목록으로 만들고 간단하게 의미를 적어둔다. 그렇다고 누구 말따나 스크랩까지 할 필요는 없다. 사실 바쁜 회사 생활에 이런 한가한 여유를 부릴 시간이 많지 않다. 혹여

시험을 통해 자신의 잠재력을 확인하기를 즐기는(?) 분들이 있다면 이참에 매경TEST이나 한경TESAT 같은 공인시험을 준비하는 것도 재미있을 것이다.

넷째, <u>보름에 한 번씩 경제주간지나 시사잡지로 보충한다.</u> 경제지가 하루하루 경제 상황에 대한 미시적 관점을 준다면, 「매경이코노미」나 「시사 IN」 같은 경제주간지나 시사주간지는 거시적 관점에서 경제와 사회 전반의 이슈들을 심층적으로 조망해준다. 경제는 결코 사회와 따로 놀지 않는다. 경제는 숫자로 세워진 외딴 섬이 아니다. 언제나 경제 상황은 정치와 문화, 사회의 다양한 측면들과 유기적으로 영향을 주고받는다. 통계에 너무 매몰되지 마라. 숫자를 움직이는 건 사람이다. 시사를 모르면 그만큼 경제 예측이 부정확해질 수 있고, 큰 그림을 그리기 어렵다.

CHAPTER 5

신이 일자무식 무함마드에게
책을 읽으라고 한 이유

전 세계 17억 무슬림들의 영적 스승인 무함마드는 천애고아로 태어났다. 그는 일천한 배움으로 여기저기 친인척들의 손에 맡겨져 실크로드를 오가는 아랍인 상단을 따라 다닌다. 그러던 그에게 일생일대의 기회가 다가오는데, 스물다섯의 나이에 당시 장사치 중에 가장 부자였던 나이 마흔의 과부 하디자와 결혼하게 된 것이다. 평소 겸손하고 성실하며 성품이 따스했던 그를 지켜보고 하디자는 열다섯의 나이차를 극복하고 그에게 청혼을 한다. 돈 많고 나이 많은 과부와 장가를 들었으니 누구는 속되게 말해서 인생에 다시 오지 않을 홀인원을 성공시켰다고 말하겠지만, 그의 인생에 터닝포인트는 따로 있었다.

결혼과 함께 갑작스런 신분 상승을 경험한 무함마드. 당장 내

일의 생존을 위해 오늘의 빵을 걱정했던 그는 경제적으로 부요한 아내 덕분에 난생 처음으로 넉넉한 생활을 영위한다. 의식주, 즉 먹고사는 문제에서 벗어나니 예술과 문화, 종교에 심취하게 된다. 평소 신앙심이 깊었던 그는 1년에 한 달은 아라비아 사막의 한 동굴에 기어들어가 단식하며 신의 뜻을 묻는 의례를 치른다. 이전까지 주린 배를 움켜쥐며 어쩔 수 없이 단식해야 했다면, 이제는 자발적인 선택에 의해 단식을 하는 위치가 되었다.

그래서 그는 여느 해와 마찬가지로 아라비아 사막 한 가운데 있는 히라Hira 동굴로 들어가게 된다. 610년, 그의 나이 마흔이었다. 때로는 사시나무처럼 바들바들 떨다가 때로는 정신 나간 사람처럼 소리를 지르던 한 남자의 모습을 상상해보라. 긴 터번을 두른 그는 평상시 깊은 명상에 잠기다가도 어떤 때는 마치 무엇에 홀린 것처럼 중얼중얼 거리기도 했다. 그렇게 수주일 금식을 하며 기도하다 깜박 선잠이 들었을 때, 무함마드는 동굴에서 낯선 음성을 듣게 된다. 처음에 그 음성은 웅얼웅얼 대는 것처럼 불분명했지만, 점차 그의 귀에 또렷이 들리기 시작했다. "무함마드야, 읽어라! 읽어라!" 무함마드는 그 음성을 인간을 두고 농간을 부리는 『신밧드의 모험』에 나오는 지니와 같은 짓궂은 요괴의 장난으로 여겼다.

그런데 그 음성은 무함마드에게 더 크게 들렸다. "읽어라! 읽어라!" 급기야 무시할 수 없을 정도로 쩌렁쩌렁하게 울렸다. 무함마드는 일자무식이었기 때문에 갑자기 두려워졌다. 낮 놓고 기역도 모르는 자신을 놀리는가보다 생각이 들기도 했다. 그는 동굴을 뛰쳐나와 황급히 달아났다. 집에 돌아온 그는 아내에게 그날 있었던 이상한 일을 이야기했다. 그의 아내 하디자는 현숙한 여인이었다. 그녀는 그 음성이 신의 음성임을 직감하고 다음에도 같은 일이 벌어지면 그 말을 따르라고 조언했다. 그 조언은 무함마드에게 터닝포인트가 된다. 무함마드의 터닝은 『꾸란』을 남겼다. 『꾸란』은 '낭송'이라는 뜻이다.

READ: 무함마드의 트릿

결혼(터닝포인트) → 여유(철학적 사유) → 신과의 만남 → 읽기 → 꾸란

다치바나 다카시 식式 책읽기
—역동적 독서법

　랄프 왈도 에머슨은 말했다. "보기 드문 지성을 갖춘 사람을 만난다면 무슨 책을 읽었는지 반드시 그에게 물어봐라." 책은 권하고 묻는 것이다. 술만 권하지 말고 책을 권해야 한다. 정기적인 독서모임이라도 있다면 좋을 것이다. 인생은 짧다. 지금 이 순간에도 세상에 쏟아져 나오는 책 더미들 속에서 나에게 필요한 책을 고르는 것 자체가 독서로 가는 중요한 첫 단추가 된다. 책의 망망대해 위에서 길을 잃지 않고 원하는 항구로 안내할 등대 같은 존재가 있다면 좋을 것이다.

　나는 개인적으로 책 읽는 게 서툰 편이었다. 책을 읽으면 졸음이 쏟아지는 통에 오랜 시간 집중하기가 어려웠다. 여기엔 가정환경도 한몫했다. 누군가에게는 핑계처럼 들릴 수 있겠지만, 책을 읽는 게 자연스러운 분위기에서 자랐다면 지금보다 훨씬 책을 가까이 했을 것이다. 나는 마트 알바, 노래방, 택배 상하차부터 식당까지 닥치는 대로 알바를 뛰면서 돈을 벌어야했기 때문에 남들처럼 도서관에서 차분히 앉아 책장을 넘기는 여유를 가지지 못했다.

어려서부터 몸으로 일을 익히는 게 편했던 점도 있다. 난 뭐든 일이 손에 익고 몸에 붙어야 쉽게 배웠다. 뭐든지 경험치가 쌓이고 요령이 생기면서 일이 점점 수월해졌던 것 같다. 자연스레 책과는 담을 쌓게 된 것 같다.

하지만 군대 시절 멘토를 만나 독서의 중요성을 깨닫게 되었고 수백 권의 책을 읽게 되었다. 개인적으로 이때 가장 집중적으로 책을 읽은 것 같다. 이후 고객들의 재무 컨설팅을 맡게 되면서 책에 대한 필요성을 더 절감했다. 돈을 알려면 세상을 알아야 했고, 세상을 알려면 책을 읽어야 했다. 책을 읽지 않으면 절대 남보다 앞서갈 수 없다는 걸 깨달은 셈이다. 바쁜 일정 중에 쉽지 않은 일이지만, 난 하루 정해진 분량만큼 책을 읽으려고 노력한다. 처음에는 책 한 장 넘기는 일이 왜 이렇게 힘든지 무거운 눈꺼풀을 들어 올리려고 무진장 애를 썼다. '내려앉는 눈꺼풀은 천하장사도 들어 올리지 못한다.'는 말을 격하게 동의하면서…. 그러나 인간은 적응의 동물이다. 점점 한 페이지 두 페이지 넘기며 한 권 두 권 책이 늘고 시간이 지나면서 그 어렵던 독서도 점차 적응되기 시작했다. 이제는 아주 어려운 전문서적이 아니라면 일주일에 한 권 정도 독파하는 것 같다. 내가 생각해도 정말 장족의 발전이다!

내 독서의 롤모델이 있다. 독서로 이름을 날린 사람, 바로 옆나라 일본의 지성이라 불리는 다치바나 다카시다. 난 그의 책을 우연히 접하고 그만 그와 사랑에 빠졌다. 기자 생활로 사회에 입문

했던 그는 이후 책이 너무 좋아 아예 전업 독서가(이런 직업이 있나 모르겠지만)로 전향한다. 그의 독서지상주의는 하나의 종교와 같다. 의구심이 완전히 해소되고 확신이 생길 때까지 하나의 주제를 맹렬히 파고들었다. 그렇게 해서 탄생한 책이 바로 『뇌사』다. 그렇게 가공할 속도로 읽어재낀 책들을 담아둘 임대 건물을 도쿄 시내에서 찾을 수 없게 되자, 10여 평 되는 자투리땅에 지상 3층, 지하 1층 규모의 협소주택을 짓고 그 안에 20만 권의 장서를 넣었다. 침대와 탁자를 빼고는 모두 책장으로 둘러쳐진 세상에 단 하나뿐인 독서 건물을 그는 '고양이 빌딩'이라고 이름 지었다.

그가 쓴 책은 거의 대부분 우리나라에 번역되어 나왔다. 나는 그의 독서론을 추종하는 편인데 그 중에서 『나는 이런 책을 읽어왔다』라는 책에 실린 독특한 독서법을 응용해서 나만의 방식을 만들었다. 거창하지만, 이름 하여 '역동적 독서법dynamic reading'이다. 그 중 일부 내용을 여기서 소개하겠다. "[책을 산 뒤] 집으로 돌아와서는 그 날 산 책들을 책꽂이에 꽂지 말고 책상 위에 쌓아 놓는다. 책꽂이에 꽂아 버리면 그냥 그대로 다시는 펼쳐 볼 것 같지 않은 기분이 들지만, 책상 위에 놓아두면 언젠가는 꼭 읽어야 할 것 같은 기분이 들기 때문이다."[2] 무엇보다 독서는 책을 사는 행위에서 그치지 않고 한 장이라도 읽어야 하는 역동적 과정이다. 다카시는 서재 위에 책들을 막 쌓아두라고 조언한다. 아주 좋은 조언이다. 눈에 보이면 손이 가는 법이다. 손이 멀어지면 눈에서도 멀어지고, 눈에서 멀어지면 마음에서도 멀어진다.

첫 번째, <u>나는 어디를 가든 책 한 권은 옆에 끼고 간다.</u> 단순히 친구와 커피를 마시러 가까운 커피숍에 들를 때, 아니면 저녁 먹고 마트에 가거나 가볍게 마실을 나갈 때에도 습관처럼 책을 들고 나간다. 출장을 가거나 여행을 갈 때에도 트렁크에 책 한두 권은 꼭 챙겨간다. 책을 들고 나가면서도 '아, 내가 이거 전혀 안 읽을 거 같은데. 괜히 짐만 되는 거 아냐?'라는 회의적인 생각이 들 때도 절대 빈손으로 나가는 법이 없다. 그렇게 허리춤에 책 한 권 끼고 다니는 게 차츰 익숙해지면, 신기하게 자리에만 앉으면 손에 든 책을 읽게 된다. 처음에는 손에 붙지 않아 도중에 책도 많이 잃어버렸지만, 독서 습관이 어느 정도 궤도에 오른 다음에는 자연스레 사람을 기다리거나 약속과 약속 사이 자투리 시간, 또

---

2 다치바나 다카시, 『나는 이런 책을 읽어 왔다(청어람미디어)』, 이언숙 역, 77.

는 갑자기 약속이 펑크가 나서 시간이 붕 뜰 때 시간을 때우기에 안성맞춤이다. 눈 앞에 책이 보이면 휴대폰 화면보다는 책에 먼저 손이 간다.

일상에서 책에 노출되는 것만큼 책을 읽는 방식도 중요하다. 두 번째, <u>한 권의 책을 완독하는 것보다 여러 책을 조금씩 돌려가며 읽는다.</u> 다카시는 책을 처음부터 끝까지 완독하는 환상부터 버리라고 조언한다. "정독할 필요는 없다. 메모는 하지 않는 것이 좋다. 처음부터 너무 의욕이 앞서게 되면 분명 도중에 좌절하고 만다. (…) 메모를 하는 대신 밑줄을 치거나 표시를 해두는 방법이 더 좋다. (…) 그리고 책은 거칠게 다루는 것이 좋다. 나중에 헌책방에 팔기 위해서라도 깨끗하게 보겠다는 식의 구두쇠 발상은 버리는 것이 좋다."[3] 다카시는 책을 거칠게 다루라고 말한다. 페이지에 형형색색 형광펜으로 밑줄 긋고 책에 알록달록 무지개 같은 포스트잇을 붙여놓는 건 책을 꾸미고 장식하는 것이지 역동적으로 읽고 체험하는 게 아니다. 책에 관해서는 거친 남자, 나쁜 남자가 되라. 독서의 감상이 그대로 느껴지도록 책에 마음껏 끼적거린다. 어디를 가나 책을 들고 다니다 보면, 가끔 책의 내용과 전혀 상관없는 메모들을 한 귀퉁이에 적기도 하고, 읽다가 감명 받은 문장에 정신없이 별을 수십 개 달아놓기도 한다. 괴발개발 책에다 감상평을 남기는 것, 이게 역동적 독서의 비결이다.

---

3 앞의 책, 78.

세 번째, <u>안 읽히는 책은 물고 늘어지지 말고 빨리 포기한</u>
<u>다.</u> 책은 다 읽는 게 아니다. 읽다 보면 내가 예상하던 책이 아니
거나 원하는 내용을 담고 있는 책이 아니라는 판단이 설 때가 있
다. 이 때는 매몰비용의 오류에 빠지지 말고 당장 독서를 중단한
다. 독서는 시작하는 것도 중요하지만 멈추는 것도 그만큼 중요하
다. 누구의 말마따나 멈추면 비로소 보인다. 흥미를 잃거나 불필
요한 책을 꾸역꾸역 읽는 것만큼 고역이 따로 없다. 이런 경험은
독서의 재미를 반감시키며 책을 지루한 것으로 여기게끔 만든다.
"심사숙고하여 구입한 책이라도 실제로 읽어 보면 별로 건질 것
없는 시시한 책이 반드시 있기 마련이다. (…) 이런 경우 모처럼
구입한 책이니까 어떻게 해서든 읽어야겠다는 생각을 버리고 당
장 읽기를 그만둬라. 구입한 책 가운데 20퍼센트 정도는 이런 책
일 거라는 각오를 미리 해두는 것이 마음 편하다."[4] 나도 마음먹
고 『서양철학사』를 도전했다가 '아, 아직은 아니구나.'를 뼈저리
게 느낀 적이 있다. 처음부터 포기각이 나오는 책은 가볍게 포기
하자. 이것 말고 읽을 책은 세상에 산더미처럼 많다.

READ: 일상에서 책과 가까워지는 역동적 독서

1. 책과 동행하기 — 어디를 가든 무조건 책을 들고 다녀라.
2. 책을 더럽히기 — 책에다 마음껏 줄 긋고 끼적거려라.
3. 책과 이별하기 — 아니다 싶은 건 빨리 포기하고 다른 책으로.

---

4 앞의 책, 78.

세상에 존재하는 세 가지 부류의 책

　내 짧은 독서 경험에 따르면, 세상의 모든 책은 딱 세 가지 부류로 나뉜다. 내가 읽다 만 책, 내가 읽고 잊은 책, 내가 읽고 기억하는 책. 이를 영어로 스톱STOP, 포겟FORGET, 리멤버REMEMBER로 외우면 좋다. 우선 이 중에서 내가 읽고 잊은 책은 나에게 큰 영향을 주지 않은 책이다. 남들이 아무리 좋은 책이라고 권해도 내가 읽고 시큰둥하면 아무 소용없다. 원래 음식과 책은 개인차가 심하다고 하지 않는가? 나는 너무 맛있어서 소개한 맛집이라도 친구에게는 동네 김밥천국 같은 식당으로 느껴질 수 있다. 나 역시 친구가 무슨 일이 있어도 꼭 한 번 먹어보라고 강권하다시피 한 돈까스집에 큰맘 먹고 한 시간이나 대기 타다가 들어갔는데 돈까스에서 스멀스멀 올라오는 돼지 냄새에 기겁을 한 적이 있었으니까. 책도 그런 것 같다.

　그러나 여기에도 누구도 부인할 수 없는 평균치라는 게 있다. 맛을 떠나 양질의 식사처럼 양서는 언제나 따로 있기 때문이다. 누구나 인정하는 책, 많은 사람들이 읽어본 책, 어디 '서울대 필독서 100위' 같은 리스트에 오를 법한 책들은 대부분 정해져 있다. 여기에는 일정한 기준이 있다. 무엇보다 사람들 입에 양서로 오르내리는 책들은 고전(보통 '클래식'이라고 하는 책)이거나 베스트셀러, 스테디셀러들이다. 3대에 걸쳐 우동집으로 살아남은 노포라면 최소한 수십만 명의 사람들이 먹어보고 검증한 음식을 내놓지 않을까? 마찬가지로 시대와 세대를 초월하여 많은 사람이 읽었다는 건 다 그만한 이유가 있을 것이다. 나와 너의 주관성이 만나는 지점, 이를 누군가는 상호주관성inter-subjectivity이라고 말했다.

그래서 내가 조언하는 책 고르는 방법은 무엇보다 나의 구미와 관심사가 제일 중요하면서도 다수가 읽은 책들을 존중하라는 것이다. 상호주관성에 대한 믿음과 신뢰인 셈이다. 뭐 누군가는 이건 이도저도 아닌 맹탕 같은 조언이라고 불평할지 모르겠지만, 사실 독서에 있어 이 균형을 잘 잡아가는 것만큼 중요한 첫 발은 따로 없다. 책을 잘 고르는 것만이라도 독서의 절반은 먹고 들어가는 셈이니까. 좋은 시작이 이미 반은 끝낸 것이다Well begun is half done. 그러니까 내가 읽고 잊은 책 목록에 클래식이 있는지 확인하라. 없다면 과감한 터닝이 필요하다.

모든 독서는 1사분면에서 출발한다. 우리는 미지의 땅, 지식의 원시림을 등정하는 반지원정대처럼 낯선 책을 펼쳐든다. 가지 않았던 길이기 때문에 예상치 못한 돌발 상황들을 마주한다. 표지는 멋지고 서평은 그럴 듯했는데 읽어보니 내용은 말짱 꽝인 책이라

READ: 독서의 사분면

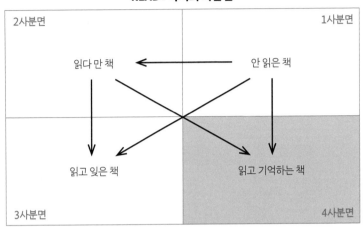

든지, 절친이 사길래 덩달아 구매했는데 첫 두 페이지 넘기는 게 왜 이리 힘든지 읽기에 너무 괴로운 책이라든지, 해당 분야에 대한 기초 지식이 전무한 상태에서 지뢰밭처럼 여기저기서 툭툭 튀어나오는 전문용어 때문에 도무지 진도가 나가지 않는 책이라든지 무엇이든 상상 이상의 경험이 우리를 기다리고 있다.

지구가 멸망하지 않는 한 1사분면은 절대 마르지 않는다. 아무리 밥만 먹고 깨어있는 시간 동안 책을 읽는 독서광이라 해도 매일 수백 권의 신간서적들이 쏟아져 나오기 때문이다. 다치바나 다카시 같은 사람도 늘 읽고 싶은 도서목록을 가지고 있다. "누구든지 그렇지만 읽고 싶은 책, 읽어야 하는 책은 시시각각으로 변하게 되어 있습니다. 수량적으로 말하자면 지금도 읽어야만 하는 책이 또 500권 정도는 있습니다. 인간이 살아가는 한 그리고 인간이

지적인 욕망을 상실하지 않는 한, 인간은 더 책을 읽고 싶다, 새로운 책과 더 만나고 싶다고 생각하는 존재입니다. 더 읽고 싶은 책이 계속해서 나타난다면 바로 그 사실 자체가 지적인 인간에게 있어서는 살아 있음의 증거라고 할 수 있겠습니다. 만일 그 욕망이 사라진다면 그 사람은 이미 지적으로 죽었다고 해도 좋습니다."[5]

용케 인내심을 가지고 이해의 파고를 넘더라도 항해 도중에 독서의 의미를 잃어버리거나(목적지를 찾지 못하는 경우), 독서의 방향이 달라지는 때(목적지가 바뀌는 경우)도 마주하게 된다. 이럴 경우 대부분 독서는 2사분면으로 이동하게 된다. 앞서 말했지만, 나는 2사분면의 독서가 결코 나쁜 독서라고 생각하지 않는다. 미완의 독서는 책의 처음부터 끝까지cover-to-cover 완독한 독서에 비해 결코 뒤떨어지는 독서가 아니다. 세상에는 이미 내가 태어나기 이전부터 수백만 권, 아니 수천만 권의 책이 존재했는데, 그 책들을 짧은 인생 동안 다 읽을 수는 없는 노릇이다. 한정된 시간을 부여받은 인간이 취할 수 있는 합리적이고 현명한 독서법은 나에게 맞지 않는 책을 빠르고 깔끔하게 털어내는 것이다. 폴드의 결단이 여기서도 쓰인다.

나쁜 독서는 차라리 3사분면의 독서다. 다 읽었지만 기억에 남

---

5 다치바나 다카시, 『피가 되고 살이 되는 500권, 피도 살도 안 되는 100권(청어람미디어)』, 박성관 역, 52.

지 않는 독서, 한때 마음을 뛰게 만들었지만 현재는 더 이상 아무런 의미를 주지 못하는 책, 꾸역꾸역 읽었지만 결국 책의 마지막 장을 덮으면서 시간이 아까웠던 책, 아니 내가 다 읽고도 '다 읽었나?' 싶은 책이 읽다 만 책보다 더 나쁜 독서다. 반면 모든 독서는 4사분면을 지향해야 한다고 생각한다. 시간이 지나도 나에게 의미 있고 계속 생각나는 책, 그래서 내 삶에 적용되고 교훈을 줄 수 있는 책, 한 달간 무인도에 갇힌다면 수중에 꼭 챙겨가야 할 것 같은 그런 책을 발견하는 것이 모든 독서의 최종 목적이 되어야 한다.

이를 면적으로 표현하면, 독서의 사사분면은 다음과 같이 나타난다. 안 읽은 책→ 읽다 만 책→ 읽고 잊은 책→ 읽고 기억하는 책 순으로 면적은 급격히 줄어든다. 다치바나 다카시나 장정일 같은 비범한 독서광들이 아니고서 이 넓이는 아마도 평생 좁혀지지 않을 것이다. 중요한 것은 읽고 잊은 책보다 읽고 기억하는 책의 넓이를 넓히는 것이 우리 일반 직장인들의 목표가 되어야 한다. 눈에 띄는 특징은 안 읽은 책의 주변은 점선으로 표시되어 있다는 점이다. 통로가 막힌 게 아니다. 새로운 책들이 꾸준한 유입되면서 점점 넓어지기 때문에 점선으로 표시될 수밖에 없다. 우리가 살고 있는 은하계가 초속 74킬로미터씩 팽창하고 있는 것과 같다.

READ: 면적 비율로 다시 그린 독서의 사분면

직업이 직업이다 보니 내 독서의 많은 부분은 경제, 투자, 자기 계발서들로 채워져 있다. 개인적으로 워런 버핏의 책들은 대부분 4사분면에 위치해 있다. 이를 테면 메리 버핏의 『주식 투자 이렇게 하라』나 슈뢰더의 『스노볼』은 지금도 내 서재 정중앙에 꽂혀 있으며, 지금도 책 어디어디에 어떤 내용들이 있는지 훤히 꿰고 있을 정도다. 버핏이 자신의 스승으로 꼽았던 그레이엄의 『현명한 투자자』나 피셔의 『위대한 기업에 투자하라』, 『보수적인 투자자는 마음이 편하다』, 피터 린치의 『전설로 떠나는 월가의 영웅』이나 『피처 린치의 투자이야기』도 내 최애 서적들이다. 그렇다고 경제서나 자기계발서만 읽었던 건 아니다. 인문서와 역사서는 경제서 다음으로 좋아하는 분야인데, 결국 경제나 돈도 사람이 어떻게 살아가느냐를 아는 데에서 출발하기 때문이다.

READ: 새로운 터닝, 독서 성장의 그래프

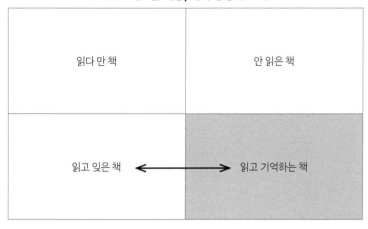

읽다 만 책	안 읽은 책
읽고 잊은 책 ← →	읽고 기억하는 책

반면 3사분면에 있는 책 목록에는 읽어 보니 너무 어렵거나, 아니면 책 내용에 동의가 되지 않아서 읽기를 포기한 책들이 포함되어 있다. 흥미로운 건 4사분면에 있다가 시간이 흐르면서 3사분면으로, 3사분면에서 4사분면으로 진행하는 책들이 간혹 있다는 점이다. 나는 이런 변화도 나쁘게 보지 않는다. 사람은 언제나 성장하며 관점이 지속적으로 변하기 때문이다. 한 곳에 정박한 배는 안전하지만 신대륙을 발견할 수는 없다. 풍랑과 암초를 만나더라도 미지의 대륙을 찾아 나서는 배는 쓸모없이 부피와 무게만 잡아먹는 잡동사니들을 버려야 한다.

읽고 기억하는 책 → 읽고 잊은 책
읽고 잊은 책 → 읽고 기억하는 책

사족일 수 있지만, 책은 굳이 안 사도 된다고 생각한다. 내 사무실 맞은편 코엑스에는 별마당도서관이 있다. 개장 때에는 제법 많은 인파가 몰리는가 싶더니 요즘에는 앉아서 책 읽는 사람들을 통 볼 수가 없다. 바쁜 도시 생활 속에서 시간을 쪼개어 책을 읽는다는 건 어쩌면 사치에 가까울 수도 있겠다 싶다. 그럼에도 나는 도서관을 종종 이용한다. 요즘 우리나라 도서관이 너무 잘 되어있어 웬만한 신간들은 대부분 구비해 두기도 하지만, 도서관에서 대출한 책은 보름이라는 데드라인이 걸려 있어 나를 독서에 얽어매기에 좋기 때문이다. 가끔 시간에 쫓기게 읽는 것도 꽤 괜찮은 독서법이다. 하지만 결국 좋은 책은 '내돈내산', 내 돈 주고 내가 사게 되더라. 마지막을 장정일의 글로 마무리하자. "나는 많은 책을 도서관에서 빌려 읽는데, 책을 읽는 도중에 빌려 읽기가 너무 아까운 좋은 책이나, 다 읽고 나서 필히 곁에 두어야 할 책을 뒤늦게 산다. 이런 검증을 거치지 않은 책 가운데는 읽고 나서 버려지는 것들도 많다. 책을 읽는 방법이 천차만별이듯 버리는 일도 그럴 것인데, 내가 가장 애용하는 방법은 외출을 할 때 버릴 책을 미리 준비했다가 아무 공중전화 박스의 전화기 위에 올려놓는 것이다."[6]

6 장정일, 『빌린 책, 산 책, 버린 책(마티)』, 10~11.

CHAPTER 6

관계를 읽고
외국어를 습득하라

괴테는 이런 말을 했다. "외국어를 하나도 못하는 사람이라면 모국어도 못하는 사람과 다름없다." 멋진 말이다! 두 개의 언어를 모르는 사람은 한 개의 언어도 모르는 사람이다. 괴테는 왜 이런 말을 했을까? 비슷한 예로 보통 외국에 나가면 모두 애국자가 된다는 말이 있다. 한국에서 살 때는 헬조선이니 서울공화국이니 한창 까대는 사람도 해외에 나가면 한국이 얼마나 좋은지 깨닫게 된다는 자조 섞인 말이다. 한국만 알 때는 한국이 어떤 나라인지 알 수 없다. 한국과 비교 대상이 있을 때에 진정 한국의 가치를 느끼게 된다. 하나만 알면 하나도 모르는 셈이다. 하나를 알려면 둘을 알아야 한다.

혹자는 말한다. '아, 이제 4차 산업혁명이 오면 인공지능이 대신 번역을 해줄 텐데 무슨 외국어 공부야?' 전문가들은 앞으로 미래가 되어도 외국어의 비중은 결코 줄어들지 않을 거라고 말한다. "많은 사람들이 기계 번역에 의존하는 관행이 일상화되면, 기계가 번역한 결과물을 단순히 받아들이게 됩니다. 그러나 외국어와 한국어에 이해가 깊은 사람은 기계 번역을 무조건 신뢰하기보다 그 결과를 판별해 자신이 어떻게 사용할지를 결정할 수 있습니다. 편리한 자동번역 도구 사용이 보편화하면 번역 결과의 미묘한 차이를 식별해낼 수 있는 외국어 실력이 희소해지고, 따라서 소중해지게 됩니다. 기계 번역의 결과를 매번 의심하고 검증할 필요는 없지만, 도구를 잘 활용하려면 도구를 사용한 결과를 비판적으로 검토할 수 있는 능력을 갖추어야 합니다."[7]

이번 챕터는 리딩의 응용이다. 내가 책에서 배운 것들을 대인관계와 의사소통에 적용해야 트릿을 달성할 수 있기 때문이다. 관계의 행간을 읽고 외국어를 습득하는 것은 독서의 지평을 한 단계 올리는 과정이다. 일상생활에 적용되지 않은 원칙은 화석화된 지식으로 남게 된다.

7 구본권, 『공부의 미래(한겨레출판)』, 27.

이성은 감정의 노예—관계의 흐름 읽기

우리는 모두 감정의 동물이다. 쓸데없이 감정에 휘둘릴 때가 많다. 무엇을 먹을까, 무엇을 입을까, 인생의 사소한 결정을 내릴 때에도 감정이 끼어들곤 한다. 나 역시 감정의 롤러코스터를 타면서 판단을 그르칠 때가 있다. 그렇게 감정이라는 고약한 친구의 꼬드김을 받아 내린 섣부른 결정은 언제나 후회를 낳게 된다.

행동심리학자들은 인간의 의사결정 중에 80퍼센트 이상은 이성이 아닌 감정에 의해 이루어진다고 한다. 우리가 머리로 판단한 것 같아도 사실 다섯 번 중에 네 번은 감정이 주는 변덕과 충동의 조종을 받는다는 거다. 감정은 예상 외로 막강한 권력을 휘두르는 절대군주와 같다. 우리는 알게 모르게 감정이라는 사슬에 묶여 자유를 박탈당한 채 살아가는 셈이다. 대체 어떻게 하면 이러한 감정의 노예 상태에서 벗어날 수 있을까?

첫 번째는 <u>내가 감정적이라는 사실을 인정하자.</u> 내가 이성적이라는 자기암시를 한다고 팬히 용쓸 필요가 없다. 남들보다 나는 논리적이라고 되뇌는 건 거의 정신 승리에 가깝다. 깨끗하게 내 판단의 대부분이 감정에서 나온 것임을 수용하는 것이야말로 가장 이성적인 판단이다. 인정에서 오는 이점은 예상 외로 대단하다. 무엇보다 내 감정선에 솔직하게 된다. 내가 무얼 좋아하고 무얼 싫어하는지 남의 눈치를 안 보게 되기 때문이다. 예를 들어, '넌 왜 그 직업을 택했어?' 이런 질문을 받았다고 생각해 보자. 내 감정에 솔직하다면 이런 질문에 매우 현실적인 답변을 내놓을 수 있다. 괜히 고상해 보이는 이유들을 덕지덕지 덧붙일 필요가 없어진다.

두 번째는 <u>감정이 나에게 큰 강점이라고 생각하자.</u> 사실 감정은 동물과 비교해서 인간이 갖는 차별적인 가치에 속한다. '점심으로 김치찌개 먹을까, 봉골레 파스타 먹을까?' 같은 매우 1차원적인 결정에서부터 '봉숙이랑 결혼할까, 지혜랑 결혼할까?' 같은 일생일대의 판단에 이르기까지 먼저 내 감정에 솔직해질 수 있는 것만큼 나에게 경쟁력을 주는 건 없다. 흔히 사람들이 '자신을 속인다.'는 말을 한다. 이 말은 대부분 자신의 감정을 속인다는 뜻이다. 이성적인 판단이라고 내놓은 것들이 대부분 감정적인 판단임을 자신만 모르기 때문이다.

세 번째는 <u>감정의 흐름을 읽자.</u> 감정은 일정한 패턴을 가지고 있는 경우가 많다. 그 패턴을 어느 정도 알고 있다면 다음번에 어떤 감정이 올지 예측할 수 있게 된다. 이건 단순히 은행 계좌에 들어가기 위해 필요한 난수표처럼 무작위적이지 않다. 대신 버킷리스트처럼 일정한 형태를 띠게 된다. 내가 감정의 흐름을 읽을 수 있게 되면, 감정을 주도할 수 있게 되고 점차 감정에서 벗어날 수 있게 된다. 이를 두고 뉴욕 양키즈의 전설적인 마무리투수 마리아노 리베라는 이렇게 말했다. "니가 감정을 통제하지 않으면, 감정이 도리어 니 행동을 통제할 거야."

READ: 감정에 솔직해지는 세 가지 방법

1. 내가 감정적인 사람임을 인정하자.
2. 감정이 도리어 나에게 강점이 된다고 생각하자.
3. 감정의 흐름, 감정의 패턴을 읽자.

그렇다고 감정이 내린 결정이 무조건 나쁘다는 얘기는 아니다. 2011년, 콜롬비아대학 경영대학원 교수인 미켈 투안 팸은 대중들이 얼마나 다양한 영역에서 감정적인 판단을 내리는지 논문으로 밝혀냈다.[8] 이를테면, 2008년 미국 민주당 대선후보 경선과 같은 정치 영역에서부터 다음 주 개봉하는 영화 박스오피스 흥행이나 TV시리즈 「아메리칸 아이돌」 우승자 같은 문화 영역, 주식시장 같은 경제 영역, 심지어 내일의 날씨 같은 일상의 범주에 속하는 영역까지 사람들은 즉흥적인 감정에 휩싸여 결정을 내린다고 말했다.

연구 말미에 그는 흥미로운 주장을 했는데, 자신의 감정을 믿

---

8 「Feeling the Future: The Emotional Oracle Effect」 참고.

는 사람들이 자신의 감정을 불신하는 사람보다 실지로 삶의 전 영역에서 미래를 더 정확하게 예측한다고 밝혔다. 물론 예측의 정확도는 그와 같은 영역에서 충분한 배경 지식을 가지고 있는 사람들 사이에서만 일어났다. 아무리 감정에 치우친 결정을 내리는 경우라도 장님이 뒷걸음질 치다가 쥐를 잡는 것 같은 일은 일어나지 않는다. 주식에 대해 전혀 모르는 사람이 회사 이름을 보고 아무거나 때려 맞추는 방식으로는 절대 성공적인 예측을 할 수 없다고 했다. 그러면서 그는 이러한 효과를 감정적 신탁 효과emotional oracle effect라고 불렀다.

감정적 신탁 효과는 이를 테면 이런 것이다. 다음 주에 개봉하게 될 세 가지 영화에 대한 흥행 성적을 묻는 질문에 자신의 감정을 믿는 피실험자는 47.5퍼센트의 확률로 정확히 영화의 성공을 예측했다. 반면 자신의 감정을 믿지 않았던 참가자는 24.4퍼센트만 박스오피스 성적을 맞췄다고 한다. 「아메리칸 아이돌」의 경우도 비슷한 수치가 나왔다. 자신의 감정을 믿은 사람들은 41퍼센트나 우승자를 정확하게 맞췄던 반면, 감정을 믿지 않았던 사람들의 예측 성공률은 고작 24퍼센트에 불과했다. 심지어 날씨 같은 과학적인 복잡한 예측을 요구하는 분야에서도 감정을 믿지 않는 사람들의 예측 성공률(27.8퍼센트)보다 감정을 신뢰한 이들의 성공률(47.1퍼센트)이 배나 높았다. 팸은 엄청난 양의 정보를 수용할 때 우리의 뇌는 정서를 거치게 되어 있고, 그 정서는 '특권의 창'으로 작용하여 자료들을 요약적으로 받아들인다고 봤다(이를 특권의 창 가설(privileged-window hypothesis)이라고 한다.). 조금 어려운 말이지만, 복잡한 사건들을 예측하는 데 감정이 도리어 매우 유용한 도구로 쓰인다는 얘기다.

그러니 내가 감정적이라는 사실을 수용하는 것도 때로 이성적인 판단이나 비판적인 사고보다 더 나은 의사결정일 수도 있다. 물론 장기적으로는 보다 체계적이고 이성적인 판단이 필요할 것이다. 하지만 그때라도 내 직감hunch이나 육감gut을 믿어라. 때로는 대인관계에서도 이런 전략은 도움이 된다. 관계의 행간을 읽으면서 불필요한 감정 낭비를 하지 않아도 되기 때문이다.

틈틈이 익힌 외국어, 나의 경쟁력이 된다

남아공의 영웅 넬슨 만델라는 이런 말을 했다고 한다. "상대가 알아듣는 언어로 말하면 그 말은 상대의 머리로 가고, 상대의 언어로 말하면 그 말은 상대의 가슴으로 간다."[9] 맞는 말이다. 무대 위에서 비록 서툴지만 떠듬거리는 말로 "안녕하세요우!!"라고 외치는 탐 크루즈를 떠올려보라. 할리우드 배우로 눈코 뜰 새 없이 바쁜 그가 한두 마디 한국어를 했다고 그가 우리말에 능통할 거라고 생각하는 이들은 없다. 단지 그가 한국 팬들 앞에서 한국어를 읊은 성의를 대견하게 보는 거다.

마찬가지다. 업무 차 중국에 갔을 때 상대 바이어에게 명함을 건네며 "칭뚜어뚜어꽌짜오请多多关照!"를 외치거나, 한국을 찾은 일본 바이어에게 "도오조 요로시쿠 오네가이시마쓰!どうぞよろしくお願いします"를 던질 줄 안다면 적어도 남들보다 점수를 1점은 더 따고 들어가는 것이다(두 문장 다 '잘 부탁드립니다.'라는 뜻이다.). 능숙한 외교관은 비록 통역을 대동했더라도 이러한 '감정적인', 혹은 '감상적

---

9 데이비드 롭슨, 『지능의 함정(김영사)』, 이창신 역, 182.

인' 문장들 몇몇 개는 미리 알아둔다. 왜냐면 너무나 자주 언어는 상대방에게 의미가 아닌 감정을 전달하는 매개가 되기 때문이다.

외국어의 중요성은 21세기 4차 산업혁명의 시대에도 결코 줄 어들지 않았다. 아니 도리어 세계가 기술과 경제라는 단일한 단위 로 묶이면서 이전보다 언어, 특히 외국어의 활용 능력이 더욱 중 요해졌다. 내가 특별히 해외무역을 담당하지 않더라도 일하는 모 든 분야가 정도의 차이만 있을 뿐 이제 지구촌이라는 세계 모든 영역과 긴밀히 연결되어 있기 때문에 외국어 해독력의 가치는 더 욱 늘어날 전망이다. 파파고와 구글 번역기가 출시되고 인공지능 을 통한 자동번역이 일상이 되었지만, 완벽한 번역으로 가는 길은 여전히 멀기만 하다. 외국인들이 자주 찾는 이태원의 한식당에서 육회가 six times로 적힌 메뉴판을 내놓고, '옛날에 백조 한 마리가 살았다.'가 'The 100,000,000,000,001 lived long ago.'로 둔갑하는 웃기는 상황이 이어진다. "예를 들어 구글 번역에 '피리 부는 사 나이'를 입력하면 'Piribu is a man.'이라고 번역됩니다. 중의적 의 미를 가진 단어들이 다양한 맥락에서 사용될 때 기계번역은 여러 개의 번역을 제시하는데, 최종적으로 어떤 번역을 선택할지는 우 리의 몫입니다. 'Piribu is a man.'이 원하는 결과가 아니라는 것을 아는 사람과 그렇지 않은 사람 간의 차이는 미래에도 결코 사라 지지 않습니다."[10]

---

10 구본권, 앞의 책, 26~27.

그렇다면 언어 공부는 어떻게 할까? 이렇게 말하면 굉장히 외국어를 잘 하는 사람으로 오해할 거 같은데, 사실 나 역시 영어를 담 쌓고 산 지 오래다. 그럼에도 불구하고 요즘 틈틈이 영어 공부를 하려고 노력 중이다. 외국 유학 한 번 안 가보고 영어를 잘 하는 토종 한국인들의 책이나 유튜브를 보니 공통적으로 이런 팁들을 제시하는 것 같다.

첫 번째, <u>절대 언어를 공부처럼 하지 마라.</u> 언어는 학습이나 공부의 대상이 되는 순간 지루해지기 십상이다. 어딜 가나 서재 책장에 앞 10페이지만 새카만 영어교재가 수두룩하게 꽂혀있는 이유가 다른 데 있지 않다. 미처 끝내지 못하고 책장의 먼지만 뒤집어쓰고 있는 토익 문제집이 어디 한두 권인가? 새해 들어 맘 잡고 공부하겠다고 굳은 결심을 하고 결제한 온라인 '땡땡영어'에 마지막으로 접속한 게 언제였는지 아이디에 비밀번호조차 기억도 나지 않는다. 이처럼 내 인생에 영어를 시험을 치르기 위한 과목의 하나로 편입시키는 순간 학습의 비극은 찾아온다. 언어는 습관이다. 따라서 일상 습관처럼 주기적으로 아무 생각 없이 따라하는 게 제일 좋다.

두 번째, <u>쉬운 것부터 하라.</u> 새로운 언어를 배우는데 너무 의욕이 넘쳐 자신의 수준을 생각지도 않는 경우가 많다. 중학교 2학년 수준인데 고등학교 수능 영어를 공부할 수는 없는 것이다. 괜한 근자감으로 토익 600점도 안 되는 실력에 강남사거리 땡땡어

학원 실전문제풀이반을 들어간다면, 보나마나 백전백패다! 기백
은 가상하나 자칫 바로 포기각이 나온다. 노래도 있잖은가? '영어
가 안 되면 땡땡스쿨!' 쪼렙이 무턱대고 만렙 따라가다가 가랑이
찢어진다.

　세 번째, <u>무조건 재미있어야 한다</u>는 것이다. 여기서 '재미'라
는 말은 사람들마다 다른 의미를 갖고 있을 것이다. 어떤 이는 영
화나 미드를 시청하면서 재미를 느낄 수 있고, 다른 어떤 이는 팝
송을 들으면서 재미를 맛볼 수 있다. 이 책의 격조(?)에 조금 맞지
않는 이야기일 순 있겠지만, 사실 관계를 정확히 알 수 없는 속칭
카더라 통신에 따르면, 초창기 구글 번역기가 일어를 우리말로 옮
기는 정확도가 여타 언어에 비해 월등했다고 한다. 그 이유는 많
은 한국 남성이 일어로 된 망가나 야동을 시청하면서 수백 번 번
역기를 돌렸고, 그 번역 데이터가 고스란히 구글에 축적되면서 실

전 번역 사례들을 많이 갖게 되었다는 것이다. 심지어 영어를 곧장 우리말로 옮기는 것보다 일단 일어로 옮긴 다음, 번역된 결과를 다시 한국어로 옮기는 게 더 나은 번역을 얻을 수 있다고 말하는 이들도 있을 정도란다.[11]

READ: 외국어 학습의 기본 자세

1. 학습이 아닌 습관으로 익혀라.
2. 무조건 쉬운 거부터 시작하라.
3. 무조건 재미있는 거부터 시작하라.

눈물겹도록 필사적이지 아니한가? 야동을 보고야 말겠다는 일념으로 쉴 새 없이 번역기를 돌린 익명의 남성들의 열정에 박수를 보낸다. 이게 어디까지 사실인지 모르겠지만, 모든 번역기가 조잡한 수준에 머물렀던 개발 초기의 웃지 못 할 이야기로 치부할 수만은 없는 건 실지로 주변에 일본 영화 때문에 일어를 거의 원어민 수준으로 하는 지인이 있기 때문이다. 내가 하고 싶은 이야기는 그렇게 많은 양의 일어 번역 데이터가 쌓일 수 있었던 건 모두 언어를 재미로 접근했다는 사실에 있다. 아무도 시키지 않았는데 많은 남성이 자발적으로 번역기를 이용했고, 아주 기본적인 단어 정도 알아듣는 것에서 만족하지 않았던 집요함(?)이 인공지능의 번역 실력을 키운 것이다. 이로써 기계 번역이 닿을 수 없는 부분

---

11 이상원, 『번역은 연애와 같아서(황소자리)』, 180~181.

에 사람이 필요하다는 사실이 역설적으로 입증된 셈이다.

영어가 재미있어지는 지점은 공부에 찍혀있던 방점이 영어로 옮겨갈 때가 아닐까 생각해본다. '토익 900점', '자유로운 의사소통' 이런 게 한 번도 내 목표였던 적이 없었다. 영어 그 자체에서 매력을 느끼고 영어를 배우는 게 내가 외국어에 집중하는 유일한 목표다. 물론 잘 하는 것과는 별개로 말이다.

이렇게 트릿의 두 번째 단계 리딩을 마쳤다. 이제 트릿의 세 번째 단계로 넘어가자.

트릿!
벌어라

TURN · READ · EARN · ASK · TRAIN

축복받은 인생에는 세 가지 요소가 있다.
배우기|learning와 벌기|earning, 그리고 바라기|yearning다.

• 크리스토퍼 몰리

CHAPTER 7

사소한 습관이
두둑한 연말을 선사한다

미국의 3대 대통령 토머스 제퍼슨은 "너의 돈을 벌기 전에 쓰지 말라."는 말을 남겼다. 너무 뻔한 얘기 같지만 이것만큼 실천하기 힘든 게 또 있을까? 우리는 실제로 존재하지 않는, '가상 현금'에 자주 속는다. 돈을 벌지도 않았는데 이미 내 수중에 들어왔다고 가정하고 그 다음 플랜을 짠다. 애초에 없던 돈이니 만져본 적도 없다. 원대한 이상으로 말잔치만 무성하게 벌였을 뿐 계획 속에 현금 다발은 사막의 신기루처럼 종적을 감추고 만다. 우물물을 얻으려면 마중물이 필요하고, 돈을 벌기 위해서는 종잣돈이 필요하다. 씨앗을 심어야 열매를 거둘 수 있듯, 종잣돈이 있어야 인생을 바꿀 투자를 계획할 수 있다.

예측 가능한 수입과 계획적인 소비가 원활한 재테크를 가져다

준다. 개인적으로 소비 습관에 관심을 갖기 시작한 건 『돈 버는 언니, 돈 버리는 언니』를 출판하면서부터다. 이 책의 골자는 소비보다 저축으로 생활 패러다임을 바꾸자는 것이다. 대부분 평범한 직장인들은 돈이 벌리는 족족 쓰기 바쁘다. '이 돈으로 당장 뭘 해야지.'라는 사고에서 벗어나지 못하기 때문에 월급이 들어오면 채 일주일도 되지 않아 잔고가 텅텅 빈다. 투잡을 뛰고 벌이를 늘려도 소비적 사고를 벗어나지 못하면 절대 종잣돈을 모을 수 없다.

트릿의 세 번째 단계 어닝earning이 필요한 이유다. 터닝과 리딩에서 인생의 방향과 가치관을 설정했다면, 이제 본격적으로 벌어야 한다. 번다는 것이 왜 트릿에서 중간 단계에 들어가야 하는지 아는가? 어닝이 터닝→리딩으로 만들어진 사고방식을 적용할 수 있는 실전과정이면서, 이후 애스킹→트레이닝으로 이어지는 후속조치follow-up의 전 단계이기 때문이다. 이번 챕터에서는 그 중 첫 번째인 우리가 일상에서 자칫 무시하고 넘어갈 수 있는 사소한 소비, 지출 습관에는 어떤 것들이 있고, 현명한 습관이 어떻게 종잣돈을 마련하여 유용하게 활용될 수 있는지 살펴보자. 부족하지만, 필자의 전작 『돈 버는 언니, 돈 버리는 언니』를 함께 참고하면서 읽으면 도움이 될 것이다.

EARN: 어닝의 위치

터닝 → 리딩 → 어닝 → 애스킹 → 트레이닝
가치관 확립   후속조치

푼돈을 종잣돈으로 둔갑시키는 방법

우선 이것부터 확실히 하자. 종잣돈을 모으는 주체는 나다. 누구도 대신해 줄 수 없다. 금액을 정하는 단계부터 목표치에 도달하기 위한 방법에 이르기까지 '종잣돈 모으기 프로젝트'의 발제와 전결은 모두 내 몫이다. 회사에서 모든 결재 서류는 숫자를 입고 있어야 한다. 3백만 원, 5백만 원, 천만 원, 아니면 1억…. 목표 금액을 정할 때에는 무조건 숫자가 동반되어야 한다는 뜻이다. 즉 3백만 원을 모은다고 했을 때, 몇 개월 안에, 어떤 방법으로 마련할 것인지 계산이 서야 한다. 이러한 구체적인 숫자 없이 세워진 목표는 인생에 작은 흔들림에 모래성처럼 힘없이 무너져 내리기 십상이다.

EARN: 가장 단순한 종잣돈 공식

$$S = am$$
종잣돈 목표 금액(원) = 부수적인 수익×개월 수

가장 단순한 종잣돈 공식은 S=am이다. 부수적인 수익(a)은 일차적으로 내 월급 이외에 들어오는 추가적인 수익을 의미하며, 월급 안에서도 고정비 지출을 제외한 금액이 될 수 있다. 단 월급 안에서 덜어낸 금액은 매달 들쭉날쭉해서는 안 되고 고정적이어야 한다. 고속도로를 달리며 '고정형 이동식 과속단속 카메라'라는 용어를 볼 때마다 '어떻게 고정형이면서 이동식일 수 있지?'라고 의아해진다. 고정형이라면 이동해서는 안 되고, 이동식이라면 고정되어서는 안 되는 거 아닌가? 이를 흔히 문학 장르에서 형용모순이라고 한다. '동그란 네모'나 '소리 없는 아우성' 같은 예가 여기에 해당한다. 부수적인 수익에 있어서는 이런 형용모순이 허용되지 않는다. '부수적인' 수익은 반드시 가외加外로 얻어져야 한다.

만약 수익을 올리는 방법이 매달 꾸준히 들어오는 규칙적인 수익이 아닌 부정기적인 수익이거나 일감의 회차에 따라 '건-바이-건' 수익을 주는 것이라면, 위 공식에서 '개월 수(m)'가 어림짐작의 시기(ex. 12개월 등)나 회차(ex. 10회차 등)로 바꿀 수 있을 것이다. 예를 들어, 주간에 회사를 다니면서 주 5일 저녁부터 자정까지 대리운전을 한다고 가정했을 때(쉽지 않은 방식이다!), 일정한 기간 대리 출장 경험을 통해 하루 밤 평균 수익을 잡을 수 있을 것이다. 이때 목표 금액은 조금 보수적으로 잡는 게 바람직하다. 어림 수익을 대입할 때에는 변동 금액에 따른 괴리율을 감안하여 평균치보다는 조금 느슨하게 잡아야 도중에 포기하지 않는다. 혹은 크몽에서 PDF 디자인이나 PPT 제작을 할 때 건당 대략 10만 원을 받는다면, 회차가 쓰일 수 있을 것이다. 이처럼 정확한 수익 모델과 기간이 정해지지 않은 목표치는 퍽퍽한 일상에 모르핀 주사를 놓는 희망고문에 지나지 않는다.

그리고 제일 중요한 것 하나, <u>목표 금액은 현실적으로 잡는다.</u> 기간이 너무 길거나 목표치가 너무 높으면 지치기 쉽다. 당연히 3백만 원보다 1억은 듣기에는 훨씬 뿌듯하지만 그만큼 오랜 기간을 요구한다. 10억이나 100억은 비현실적이라 감히 도전할 엄두도 못 내게 한다. 반면 목표가 너무 소액이면 만족도가 높지 않고 잃어도 그만이라는 가벼운 마음에 투자를 성급하게 진행할 확률이 높다. 이루었을 때 받는 성취감을 모두 고려한 목표를 설정해야 한다. 이 목표 금액은 각자가 처한 상황과 수익 모델에 따라 다를 것이다. 원하는 종잣돈을 정할 때 활용할 수 있는 가장 좋은 방법은 내가 손을 뻗으면 닿을 수 있는 거리보다 내가 펄쩍 뛰어서 가까스로 낚아챌 수 있는 거리로 목표를 잡는 것이다. 종잣돈 목표를 정할 때 세 가지 기준을 정리하면 다음과 같다.

EARN: 종잣돈 모으기 프로젝트의 목표를 세우는 세 가지 기준

1. 목표 금액과 기간, 수익 모델이 나와야 한다.
2. 목표 금액은 너무 높지도 낮지도 않아야 한다.
3. 수익과 기간은 평균보다 조금 보수적으로 잡는다.

이제 본격적으로 종잣돈 모으기 프로젝트의 핵심을 말해 보자.

첫째, <u>들어온 돈은 무조건 나누고 관리한다.</u> 재테크에서 흔히 쓰는 라틴어 경구 중에 '디비데 에트 임페라Divide et impera'라는 말이 있다. '나누고 지배한다.'는 뜻이다. 돈을 모으려면 쪼개라. 통념과 달리, 돈은 뭉쳐놓는 게 아니다. 절대 하나의 통장에 들어온 돈을 모아두지 않는다. 월급 통장에 돈이 들어오면 바로 다양한 목적성 통장에 돈을 옮겨 담는다. 한 곳에 고여 있는 돈은 주인에게 자칫 '내가 지금 풍족하다.'는 착시를 주기에 충분하다. 돈에 대한 착각만큼 무서운 게 없다. 규모를 갖는다는 건 내 지출의 형태를 파악하는 것이다. 매달 급여 통장에 찍히는 급여의 용처를 나누고 그에 맞는 통장을 따로 개설한다. 생활비 통장, 공과금 통장, 투자금 통장, 비상금 통장 등 여러 개로 통장을 찢으면 어디에 얼마가 나가는지 매달 내 가계의 지출 현황을 훤히 알 수 있다.

둘째, <u>소비를 최대한 줄인다.</u> TV 홈쇼핑, 인터넷 쇼핑을 보지 않는다. 휴대폰에 쇼핑 관련 앱들은 싹 다 지운다. 견물생심이다. 자꾸 보면 사고 싶고 없으면 가지고 싶다. 어떤 경우에는 너무 싸서 필요도 없는데 사들일 때도 많다. 이놈의 지름신은 양심의 가책도 없다. 미처 뜯지도 않은 택배상자가 집안에 수두룩한데도 오늘도 강림한 지름신 덕분에 기어코 김여사의 간장게장 10킬로그램을 결제하고 만다. '어머머, 싸도 너무 싸다.'라는 자기 최면을 걸면서…. 3개월 무이자 할부라는 말에 오늘도 눈썹을 휘날리며 버선발로 달려가 PC에서 결제창을 연다. 띵동! 창을 열자마자

DM이 날아온다. 그간 얼마나 많이 사재꼈으면 내가 VIP란다. 홈쇼핑에서 쿠폰까지 보내줬다! 그 만 원짜리 쿠폰 쓰려면 다음엔 10만 원 이상 다른 제품을 구매해야 한다. '자, 이제 검색창을 한 번 열어 볼까? 오늘은 어떤 제품이 떴을라나?' 흥얼거린 룰루랄라가 다음 달 청구서를 받는 순간 곡소리로 변한다.

여자들은 소소하게 쇼핑하는 것에서 스트레스를 푼다면, 남자들은 컴퓨터나 차 같은 커다란 품목들을 가지고 소비를 저울질한다. 연봉 4천만 원도 안 되는 회사원이 BMW 3시리즈나 5시리즈, e-클래스를 중고 캐피탈 끼고 전액 할부로 산다. 뒤를 생각하지 않는 소비 습관이다. 순간의 가오かお에 미래를 저당 잡힌 꼴이다. 오랜 관찰을 통해 발견한 건데, 흔히 차 좋아한다는 2030 남성들이 가진 공통된 특징이 있다. 모자 좋아하고 팔뚝에 라틴어 문신과 명품 시계를 차고, 한 손에 일수가방처럼 구찌나 고야드, 발렌시아가 클러치백을 들고 있다. 주행 중에 남에게 자신의 간지かんじ

나는 라이프스타일을 보여줘야 하기 때문에 차창을 스윽 열고 말보로나 던힐을 하나 꼬나무는 여유도 잊지 않는다. 충분히 걸어갈 수도 있는 도보 5분 거리의 편의점도 꼭 자신의 애마를 끌고 간다. 괜히 편의점 앞에 세워놓고 인상 팍 쓰면서 담배 한 대 핀다. 강남 논현동에 가면 이런 친구들 많다.

그러나 거주지는 반지하나 원룸촌, 2평도 안 되는 고시원을 벗어나지 못한다. 절대 지인이나 친구들을 그들은 집에 초대하지 않는다. '영끌'해서 산 외제차(그것도 보증기간 막 끝난 중고차!)는 기름 먹는 하마가 아니라 돈 먹는 괴물이다. 어차피 자신을 포장할 껍데기로 구매한 것이기 때문에 낮은 연비와 잦은 고장에 끽 소리 못하고 두 달 치 월급을 고스란히 꼴아 박는다. 그렇게 1년은 어떻게든 버틴다. 이제는 세금과 보험이 발목을 잡는다. 할부 끌어왔던 땡땡캐피탈과 XX카드사, 뿅뿅대부업체에서 독촉 전화가 걸려오기 시작한다. 그와 동시에 잘만 타고 다닐 것 같던 차가 한 곳 두 곳 돈 달라고 노래를 부른다. 한 번 정비소 들어갔다 앗세이 다 깔아서 나오면 돈 천은 한 순간에 깨진다. 이쯤에서 돌려막기 신공이 시작된다. 정작 제대로 된 재테크 경험도 없는 쪼렙의 사회 초년생이 유턴하지 않고 이런 식으로 살다간 신용불량자가 되는 건 시간문제다.

오해 말기 바란다. 차를 애정하는 남자들을 비꼬고 싶은 의도는 없다. 나도 외제차 좋아한다. 하지만 재무 상담하러 온 젊은 남성 직장인들 중에 위와 같이 대책 없는 소비 습관을 가진 분들이 한둘이 아니다. 기본적인 경제 지식과 재무 목표도 없이 월급이 통장에 들어오는 족족 써대느라 바쁜 친구들이 외제차에 혈안이 되어 있는 모습을 보면 조금 안타깝다. 자신이 계약한 원금 유예 할부가 정확히 뭔지도 모르고 덜컥 벤츠 SLK350을 구입했다가 빚더미에 앉은 회사원도 봤다. 카푸어, 홈푸어가 멀리 있지 않다. 사소한 습관만 바꾸면 독감 백신 하나 맞는 것처럼 경제적 안전망을 칠 수 있다. 적어도 재정적 자유를 이루기 위해 종잣돈을 모으는 중이라면 외제차에 눈을 돌리는 일은 없어야 한다.

소비에서 많은 비중을 차지하는 게 식대다. 요즘은 왜 이렇게 맛집도 많은지…. 2만 원도 안 되는 돈으로 무한리필 갈빗집에서 마음껏 고기를 먹을 수 있단다. 한 달 열심히 버텨준 스스로에게 주는 선물이라며 애써 자위한다. '에이, 내가 맨날 이러냐? 한 달에 한 번 이런 재미라도 있어야지, 안 그래?' 철마다 참치회 먹어 줘야 하고, 분기에 한 번 W호텔 뷔페 가줘야 하고, 한 달에 두세 번 떡갈비집과 닭갈비집은 들려줘야 한다고 자신에게 최면을 건다. '잘 먹고 그 힘으로 열심히 일하자.' 그런데 내 소비는 여기서 그치지 않는다. 엥겔지수가 아무리 높아도 요즘 물가로 1인가구 한 달 외식비가 50만 원이 넘는다.

이러면 구제불능이다. 목표로 잡은 종잣돈을 모을 때까지 쓸데없는 모임을 잡지 않는다. 밖에서 사람을 만나면 무조건 돈이 나간다. 허구한 날 얻어먹을 수만 없으니 서너 번 대접 받았으면 적어도 그중 한 번은 사야 한다. 동창회다 동호회다 회식이라도 있는 날이면 매번 천천히 신발끈 묶으며(게다가 구두를 신고!) 주변 눈치만 볼 수는 없는 노릇이다. 자칫하다 친구들 사이에서 수전노 짠돌이로 낙인찍히기 쉽다. 밥값 아끼려다가 괜히 친구들로부터 소리 소문 없이 손절당하는 수가 있다.

셋째, <u>푼돈 하나라도 귀하게 여긴다.</u> 무조건 모으라는 말이 아니다. 아무런 사연이 없는 저축만큼 괴로운 일도 따로 없다. 푼돈 한 닢에도 스토리를 담아라. 맨날 회사 지하 아케이드에서 사 마시던 4천 원짜리 아이스 아메리카노를 커피믹스(자판기 커피)로 바꾸며 아낀 3천 원을 저금통에 넣는다. 꼭 저금통이 아니라도 서랍에 푼돈 박스를 만들어 그 안에 보관해두어도 좋다. 박스 겉면에는 이렇게 써둔다. '산티아고 순례 노잣돈.' 손발이 오글거려도 어쩔 수 없다. 나는 돈에는 색깔이 있다고 생각한다. 돈에 색을 입히고 사연을 엮는 건 오로지 소유자의 몫이다. 이지 컴, 이지 고 Easy come, easy go! 나와 사연이 없는 돈은 그대로 빠져 나간다. 이렇게 한 해 커피 값을 아껴 프랑스 생장피에드포르에서 출발하여 피레네를 넘어 스페인 산티아고까지 가는 여행비 3백만 원을 만드는 것이다. 산티아고 순례길 사진을 노트북이나 휴대폰 바탕화면에 깐다. 일단 푼돈을 모으는 데 재미를 들리면, 거기에서 헤어나지 못할 만큼 중독성이 강하다.

지금까지 돈의 속성과 절약 정신에 대해 말했다. 이제 구체적으로 돈을 절약하는 방법을 하나씩 살펴보자.

EARN: 종잣돈을 빨리 모을 수 있는 세 가지 생활습관

1. 통장을 쪼개서 돈을 분산시킨다.
2. 쓸데없는 소비와 지출을 제어한다.
3. 일상에서 버려지는 푼돈을 모은다.

아끼는 것도 능력이다—지출에 댐을 쌓자

영국 속담에 '한 푼을 아끼면 한 푼을 번 것이다A penny saved is a penny earned.'라는 말이 있다. 우리나라말로 바꾸면 '백 원을 아끼면 백 원을 번 것이다.'쯤 될 것이다. 이 말은 벤저민 프랭클린이 처음 한 것으로 알려져 있는데, 이후 많은 경제학자들과 경영인들 사이에서 빈번히 회자되고 있다. 이 속담이 우리에게 전하는 교훈은 분명하다. '아껴야 한다. 아끼는 게 버는 것이다.' 그렇다고 소극적인 차원에서 수전노처럼 돈을 아끼자는 게 아니다. 적극적인 차원에서 쓸데없는 낭비를 줄이자는 말이다.

나는 현직에서 뛰고 있는 전문 재무 상담사로서 이 문장을 이렇게 해석하고 싶다. 수익은 반드시 바깥에서 벌어들이는 게 아닐 수도 있다고. 수입income은 단지 내 주머니 안으로 들어오는 돈만 의미하지 않는다. 지출outgo, 그러니까 바깥으로 흘러나가지 않는 돈도 수입이다. '들어오는' 컴come보다 '나가는' 고go를 조심해야 한다. 윌 로저스는 "돈을 두 배로 불리는 가장 빠른 길은 지폐를 반으로 접어서 뒷주머니 안에 넣는 것이다."라고 말했다. 예로부터 가장 기본적인 수입은 저축에서 출발했다. 저축이라는 개념은 17세기 계몽주의 시대로까지 거슬러 올라간다. 이전까지 은행은 고리대금업 창구에 지나지 않았다(그리스도교는 고리대금업을 죄로 여겼기 때문에 이탈리아에서는 보통 외환 차익을 이용해 주로 이자를 주고받았다. 이를 대행해주는 기관을 소위 '은행(방코)'이라 불렀다.). 도리어 저축은 자조自助의 기치를 내걸고 민간에서 시작된 개념이다.

이 개념은 18세기 독일을 중심으로 유럽 전역으로 퍼진다. 1778년, 세계 최초의 저축은행이 독일 함부르크에 세워졌다. 사회 진보에 대한 계몽주의 사상에서 영감을 받은 독일의 은행들은 도시 빈민들이 겪는 크고 작은 곤경들을 헤쳐 나갈 수 있게 돕는 자력 기구로 여겨졌다. 평소에 알뜰살뜰 모아서 어려울 때를 슬기롭게 극복하자는 것이다. 저축이 독일인들에게 미덕으로 여겨졌다는 사실은 '페니히Pfennig에 경의를 표하라!'는, 오늘날까지 전해지는 그들의 경구로도 잘 알 수 있다. 독일의 페니히는 영국에서 센트에 해당한다. 1850년에 이르러서는 독일의 전신 프로이센 왕국 전체에 27만 8천 개 이상의 예금계좌가 개설되었고, 1875년에는 그 수가 2백만 개 이상을 훌쩍 넘었다. 적어도 인구의 4분의 1은 공식적으로 저축성 계좌를 가지고 있었다는 뜻이다. 독일이 두 번의 대전에서 패망하고도 왜 오늘날도 여전히 EU를 주도하는 강대국의 반열에 올라서 있는가 잘 알 수 있는 대목이다.[1]

---

1 https://www.ft.com/content/c8772236-2b93-11e8-a34a-7e7563b0b0f4

오늘날도 상황은 크게 다르지 않다. 참고로 스위스 가계는 평균 소득의 20퍼센트 정도를 저축하는데, 이는 다른 EU 국가나 미국 평균의 두세 배에 해당하는 금액이다. 영국은 2016년부터 저축률이 사실상 마이너스 행진 중이다. 우리나라의 상황은 어떤가? 오늘날 많은 사람이 이상하리만큼 너도나도 부동산에 혈안이 되어 있다. 2020년 말, 신도시와 재개발지역 할 것 없이 전국의 아파트 값이 천정부지로 치솟고 있으며, 수도권과 지방의 각 광역도시를 중심으로 개국 이래 유례를 찾을 수 없는 전세대란이 일고 있다. 덩달아 가계 대출과 가구 부채 비율은 몇 년 전과 비교해서 급상승했다. 갭투자나 부동산 투기가 과거 일부 투기꾼들의 몫이었다면, 이제는 중산층이나 서민 할 것 없이 모든 국민들이 빚을 내서라도 투기에 가까운 아파트 매매에 나서고 있기 때문이다. 어디서 하나 터지면 곧 도미노처럼 모든 가계의 연쇄 부도가 일어날 것 같은 위태로운 시한폭탄 하나씩은 다들 머리 위에 얹고 사는 것 같다.

부채도 자산의 일종이라는 사실을 부정하려는 건 아니다. 다만 우리나라 가계저축에 비해 가계대출의 비중이 너무 높다는 게 문제다. 가계부채는 지난해 GDP 대비 83.4퍼센트까지 증가하며 2020년 2분기 기준 1,637조까지 늘었다. 이 중에서 주택담보대출이 842조로 절반가량을 차지한다. 아파트를 사는 데 모든 국민들이 너도나도 돈을 빌리는, 소위 폭탄 돌리기를 하고 있다는 뜻이다. 당연히 저축은 아예 생각지도 못한다. 빚을 내서 집을 사고, 집에 큰 돈이 가득 물려 있으니 대출이자를 갚는 데 가계의 모든 에너지가 투여될 수밖에 없다.

부채 비율을 줄이고 고정비, 쓸데없이 빠져 나가는 잡비를 줄여야 한다. 그러기 위해서는 밖으로 새는 지출을 막는 댐을 쌓아야 한다. 나는 이것을 '지출댐'이라고 부른다. 계획성 있게 댐을 쌓아 목돈이란 저수지를 만들면, 거창한 재정 지식 없이도 한줌의 습관을 가지고 바깥으로 줄줄 새나가는 비용을 막을 수 있다. 일예로 우리나라 최대 수력댐인 소양강댐을 생각해보자. 높이 123미터, 길이 530미터의 위용을 자랑하는 소양강댐은 총저수량 29억톤, 유역면적 2,703제곱킬로미터에 이르는 세계 4위 규모의 댐이라고 한다. 하지만 이 어마어마한 수량도 시작은 작은 물줄기, 아니 수십 킬로미터 떨어진 이름 모를 수원水原에서 솟아난 물방울이었다. 그렇다면 지출댐은 어떻게 쌓을까?

첫 번째, 돈에 대한 사고방식을 바꿔야 한다. 앞에서 원효의 터닝에서도 언급했지만, 행복이든 불행이든 모든 것은 사고방식에서 시작된다. 윌프레드 피터슨은 사고방식에 대해 이렇게 말했다. "사고의 기술은 가장 위대한 기술이다. 누구든 자신의 마음속에 생각하는 대로 되기 때문이다. 생각하는 사람은 오늘 그의 사고방식이 그를 데리고 간 곳에 머물러 있고, 거기서 그가 생각하는 사고의 질에 따라 미래를 쌓아가고 있다." 사고방식이 나 자신인 셈이다. 사고방식은 세상에서 내가 마음대로 원하는 만큼 바꿀 수 있는 유일한 자산이다. 나는 돈에 관해서 두 가지 사고방식이 세상에 존재한다고 생각한다. '소비적 사고'와 '저축적 사고'가 그것이다. 소비적 사고는 쉽게 말해 '돈이 생기면 우선 쓰고 보자.' 주의다. 예상치 못한 꽁돈이라도 생기면 뭘 살까부터 고민한다. 소비적 사고를 가진 사람은 돈을 기체처럼 여긴다. 내 손에 쥐고 있을 때 빨리 써버려야지 안 그러면 눈 깜짝 할 사이 사라질 거라고 착각한다.

반면 저축적 사고를 하는 사람은 돈을 고체로 본다. 그들에게 돈은 레고 블록처럼 쌓을 수 있는 덩어리들이다. 일정한 부피가 있기 때문에 때에 따라 잘라 쓸 수도 있고, 다른 조무래기들과 붙일 수도 있다고 생각한다. 그래서 그는 돈을 누적된 무게 단위로 생각할 줄 알고 공간 개념으로 볼 수 있다. 반면 소비적 사고를 하는 사람에게는 돈이 휘발성 있는 기체이기 때문에 뜬구름처럼 쉽게 사라진다. 눈에 보이지 않기 때문에 돈이 어디에 얼마만큼 쌓여있는지 가늠할 수도 없다. 당연히 부채에 대한 사고방식도 느슨하다. 저축적 사고를 하는 사람은 돈을 덩어리 개념으로 보기 때문에 양의 증감에 매우 민감하며 출입을 단위별로 체크하는 안목을 가지고 있다. 빨리 소비적 사고에서 저축적 사고로 터닝하라!

두 번째, 고정비를 줄여야 한다. 저축적 사고로 무장된 사람이라면 한 푼의 소중함을 절감한다. 우선 매달 따박따박 빠져나

EARN: 소비적 사고와 저축적 사고의 비교

소비적 사고	→	저축적 사고
'이 돈으로 뭘 살까?'		'이 돈으로 얼마를 모을까?'
'난 돈이 중요하지 않아.'		'난 돈이 많으면 좋겠어.'
'돈은 있다가도 없는 법이야.'		'돈은 있을 때 관리해야 해.'
소비의 생활화		저축의 생활화
기체적 사고―날아간다		고체적 사고―쌓인다
부채나 이자에 둔감		부채나 이자에 민감
무계획적 지출		계획적 지출

가는 비용부터 계산해보자. 월세, 식생활비, 교통비, 건보료, 국민연금, 보험료, 전기와 수도, 가스 같은 세금, 아파트 관리비, 인터넷 및 통신비 등이 여기에 해당한다. 반드시 들어가야 하는 비용은 어쩔 수 없지만, 줄일 수 있는 부분들은 줄여나가야 한다. 특히 외식비나 헬스장 회원권, 여가생활 비용, 술/담배, 여행 및 유흥비 등은 마음만 먹으면 충분히 줄여나갈 수 있다. 시각에 따라 사치라고 볼 수 없는 것들도 지출의 폭을 줄이다보면 자연스럽게 사치 항목에 들게 된다. 일주일에 한 번씩 야식으로 시켜먹던 족발/치킨을 이번 기회에 단호하게 끊는다. 금단현상이 올라오더라도 딱 두 달만 참으면 야식 생각이 아예 안 난다. 어김없이 돌아오는 연중행사처럼 1년에 한 차례 나가던 해외여행도 3~4년에 한 번으로 줄이고, 담배는 끊고 술은 줄인다. 맨날 술자리에 가지 말고 발길을 동네 도서관으로 돌려라. 뒤에서 설명하겠지만, 아무리 연간 회원권이 싸더라도 피트니스센터 역시 사치 항목에 들어간다.

조금 불편하더라도 운동의 주체만 바뀌지 않으면 어디서고 운동 효과를 충분히 낼 수 있다.

한쪽에서 나는 이렇게 좀스럽게 살 수 없다고 머리에 띠 두르고 외치는 시위대 소리가 벌써 들린다. 그런 분들은 지출댐 개념을 다시 한 번 생각해 보자. 댐을 쌓을 때 커다란 지형의 변화를 감내해야 한다. 소양강댐의 경우, 저수지에 물을 받으면서 졸지에 약 2,700헥타르의 논밭이 수몰되었고, 춘천시와 양구군, 인제군 일대의 4,600세대가 고향을 떠나 다른 지역으로 이주해야 했다. 물이 들어찰 공간을 확보하려면 어쩔 수 없는 희생이 동반될 수밖에 없다. 생활의 변화 없이 종잣돈을 마련하겠다는 얄팍한 생각은 버려야 한다. 돈의 총량이 늘어나는 만큼 그에 비례해서 일상에서 주변적인 부분들은 수면 아래로 가라앉을 수밖에 없다.

절세는 고정비를 줄이는 매우 중요한 노하우다. 최근 1가구2주택자에게 부과되는 양도소득세 때문에 곳곳에서 곡소리가 난다. 하지만 법에 조금만 관심이 있다면 양도소득세가 면제되는 조건들이 많이 있다. 바로 이게 경제신문을 읽어야 하는 이유다! 기존 보유하고 있던 주택과 새로 구입한 주택의 구입 시기가 1년이 넘거나, 기존 주택을 2년에서 3년 내에 처분하면 양도소득세를 안 내도 된다. 또한 연말정산만 잘해도 두둑한 연초를 보낼 수 있다. 연말정산 모의계산기에서 상황별 환급액을 확인해 보고 공제받을 수 있는 항목들이 어떤 게 있는지 따져보는 습관을 들인다. 조건만 맞으면 월세나 청약 납입금 등도 공제 대상이 될 수 있다. 맞벌이 부부라면 한쪽 명의의 신용카드만 사용하는 게 유리하다. 급여의 25퍼센트가 넘어야 카드 공제가 적용되기 때문이다. 굳이 사용하려면 신용카드보다는 공제율이 높은 체크카드를 쓰는 게 더 유리하다. 도서구입비나 문화비 같이 공제가 되는 부분도 알뜰히 챙기면 의외로 짭짤한 절세를 할 수 있다. 이렇게 하기 위해서는 무엇보다 세법의 내용을 정확히 이해할 필요가 있다.

세 번째, 가계부를 쓴다. 금전출납부나 가계부처럼 돈의 출입을 관리하는 습관을 들인다. 최근에는 편리한 모바일 앱들이 많아서 카드와 통장을 연동시켜 놓으면 일일이 공책에 쓰지 않아도 휴대폰으로 매일의 밸런스를 일목요연하게 확인할 수 있다. 가계부를 쓰면 많은 이익이 있는데, 무엇보다 계획적 소비를 할 수 있게 된다. 한 달 필요한 구매의 예산을 미리 배분하여 소비 계획을 짤 수 있으며, 불필요한 과소비를 막을 수 있다. 휴지나 샴푸처럼 꾸준히 쓰는 생필품은 1+1이나 번들로 저가 구매하는 게 유리하지만, 내가 1인가구라면 싸다고 무턱대고 식재료를 대량 구매하여 처치 곤란한 경우를 만들지 않아야 한다. 공산품은 오프라인보다 온라인이, 식재료는 마트보다 재래시장이 훨씬 싸다. 가끔씩 인심 후한 덤도 받고 이웃 간 정도 느낄 수 있으니 일석이조다. 마트를 갈 때에는 꼭 구매목록을 작성하고 식사 전 배고플 때는 불필요한 식재료를 과소비할 수 있으니 가급적 쇼핑을 피한다.

냉방과 난방에 들어가는 비용은 발상의 전환으로 얼마든지 줄일 수 있는 부분이다. 조명을 LED로 교체하면 의외로 전기세를 많이 줄일 수 있다. 선택할 수 있다면 에너지효율등급이 높은 가전제품을 사용하며, 동시에 많은 전력을 사용하는 걸 조심하여 누진세를 피한다. 초기에 목돈이 들어가는 백색가전의 경우, 발품만 조금 팔면 동네 리사이클샵이나 중고센터에서 멀쩡한 제품을 매우 저렴하게 얻을 수 있다. 통신비는 없어선 안 될 중요한 지출이고 거의 고정비처럼 매달 빠져나가지만, 여기에도 조금만 관심을 가지면 얼마든지 비용을 줄일 수 있다. 대기업 3사를 통신사로 이용하는 경우, 인터넷+휴대전화+TV를 다 묶으면 할인받을 수 있으며, 가족 간 인터넷을 묶어도 할인폭이 꽤 높다는 건 이미 알 만한 사람은 다 아는 사실이다.

흥미로운 건 댐을 쌓으면 단순히 물만 얻는 게 아니라는 사실이다. 소양강댐의 경우, 매년 약 12억 톤의 수도를 수도권에 공급하면서 동시에 발전기에 달려 있는 터빈을 돌려 연간 시간당 353킬로와트의 전기를 생산한다. 지출댐 역시 단순히 돈만 주지 않는다. 종잣돈과 함께 부수적으로 삶의 에너지, 인생의 주도권, 미래에 대한 넓은 선택지를 준다. 전기처럼 짜릿한 일상의 활력을 준다. 기억하자. 이 모든 다목적댐의 이득은 내 사소한 습관을 하나둘 바꾸면서 시작되었다는 사실을.

EARN: 지출댐 쌓는 원칙

1. 돈에 대한 사고방식부터 바꾼다.
2. 일상의 고정비를 줄인다(feat. 절세 전략).
3. 가계부를 쓴다(feat. 구매 계획).

CHAPTER 8

종잣돈은 파이를
키우는 데에서 완성된다

최근 직장인들 사이에서 유행하는 '갑통알'이란 신조어를 아는가? '갑자기 통장을 보니 알바라도 해야겠다.'의 줄임말이란다. 정말 2020년 초 코로나19로 세상이 천지개벽한 이후로 이 말에 격하게 동감하게 되는 요즘이다. 사회적 거리두기는 어느덧 경제적 거리두기가 되어버렸다. 여기서 잠깐, '갑통알'을 외치는 땡땡물산 K 대리의 일기를 잠시 훔쳐본다. 본 일기는 내 고객 중 한 분의 이야기를 각색했으며, 오로지 현실을 바탕으로 재현한 것이다.

K 대리의 일기, 혼자 볼 것

××월 ○○일

막내아들 태어날 때부터 시켜먹던 동네 뽕뽕두마리치킨집

이 언제부턴가 전화를 해도 받질 않는다. 40대 애엄마들로 북적대던 길 건너 모퉁이 브런치 카페는 창문에 임시휴업 팻말을 붙인지 내일이면 벌써 석 달째다. 내가 다니는 회사는 아직은 버티고 있지만, 전국적으로 확진자가 계속 늘고 있다는 뉴스 속보에 간이 바짝 타들어가는 심정이다. '정말 이러다가 나도 새벽 배송이라도 나가야 하는 거 아냐?' 괜히 마음이 위축되면서 이런 현실이 밉고 이런 내가 한심스럽다.

매형이 어제 전화를 하셨다. 전화선을 타고 들리는 목소리에 힘이 하나도 없다. '퇴준생(퇴직을 준비하는 인생)'이 된 지 오래라 저번 달부터 공인중개사 공부를 시작했단다. 저번 달 공인중개사 시험에 35만 명이 몰렸다는 기사를 본 적이 있는데 "합격해도 시장에 인력이 너무 많이 풀려 경쟁이 되시겠냐?"고 조심스레 물었더니 한숨부터 푹 쉬며 "그거라도 안 하면 불안해서 잠을 잘 수 없다."고 하신다. 준-공기업을 다니고 계시기 때문에 그나마 낫지 않으시냐고 물으니 올 초부터 명퇴를 받고 있다고, 위에서부터 확인사살하는데 곧 자기 차례라신다. 에고고.

사실 전화를 받는 나도 세상 편한 건 아니다. 매달 내 통장을 스치듯 지나가는 월급은 한 번 만져보지도 못하고 월세다 공과금이다 모래밭에 물 빠지듯 흔적도 없이 사라진다.

어느새 정신 차리고 뒤돌아보면 초근목피로 연명하던 보릿고개처럼 월급일 전까지 빈궁한 '월급고개'를 겪으며 생존해야 한다. 이런 와중에 이번 달 초 계획에 없던 P 차장님 모친상이 터지면서 한 순간 품위유지비가 탈탈 털린다. 이번 한 달은 품위는커녕 옴짝달싹 못하고 회사에 도시락을 싸가야 할 판이다.

몇 년 전 인기리에 마친 드라마 「미생」이 떠오르는 요즘이다. 완생을 꿈꾸며 하루하루 버티지만 꿈과는 점점 멀어지는 느낌이다. 빈사를 넘어 횡사로 가고 있는 이런 상황에서 한 투자가는 유튜브에 나와서 이럴 때일수록 종잣돈을 만들어 주식에 투자하란다. 입에서 욕부터 나온다. '나만 이렇게 힘든 거야?' 신문을 펼쳐든다. 모 BJ가 아무 짓도 안 하고 침대에 그냥 누워만 있는데 별풍으로 한 달에 평균 억대를 번단다. 부러움을 넘어 가슴 깊은 곳에서 쓴물처럼 시기심이 올라온다. '쟤네들은 대체 뭐야?' 대체 나는 어디서부터 잘못된 걸까?

K 대리의 일기, 끝!

파이의 완성—결국 투자에서 시작된다

땡땡물산 K 대리의 일기를 읽자마자 숨부터 막혀온다. 부정할 수 없는 현실에 현타 오지게 터진다. 단돈 만원 한 장 빼낼 수 없을 만큼 팍팍한 2030 직장인의 경제 상황은 사실 K 대리의 그것과 대동소이하다. 금수저 입에 물고 100m 출발선부터 다른 '극히 일부 부르주아 순혈 자제분들'을 제외하고 이 시대 대부분의 흙수저 직딩들의 한 달 수입은 정말이지 한 번 제대로 만져보지도 못하고 5G 초고속 통신망보다 더 빠르게 통장을 빠져 나간다. '이런 상황에서 지출댐을 쌓고 종잣돈을 만들라고?' 아마 책을 북북 찢고 싶을 것이다.

하지만 이 책을 찢으면 결국 나만 손해라는 생각이 미치면 참을 수밖에 없다. 사실 독자들은 인생을 드라마틱하게 바꿔보려고 이 책을 산 게 아닌가? 그렇다면 인내심을 갖고 내 플랜을 들어야 한다. 좌절에 빠진 K 대리의 등을 토닥거려주면서….

종잣돈은 사실 매우 간단하게(?) 만들 수 있다. 너무 큰 금액을 떠올리지만 않는다면 말이다. 예를 들어, 당장 나에게 천만 원의 종잣돈이 있다고 가정해보자. 현재 여기서 10퍼센트 수익을 내기는 상당히 어렵다. 요즘 은행 금리를 따져보더라도 천만 원의 돈을 묻어놓고 벌어들일 수익은 미미하다. 아니 실질적으로 기회비용까지 생각하면 마이너스에 가깝다. 그럼에도 불구하고 10퍼센트의 수익을 낸다고 가정해보자. 그럼 1년에 백만 원의 수익이 발생한다. 여기에 이자소득세 15.4퍼센트를 뗀다면 84만6천 원이 돌아오게 된다. 천만 원의 종잣돈에 85만 원에 가까운 공돈이 추가로 붙는다면 꽤 쏠쏠한 투자라고 할 수 있다.

자, 이 문제를 이렇게 돌려서 바라보자. 가끔 나는 의뢰인에게 이렇게 묻는다. "만약 한 달에 지출에서 7만 원 줄일 수 있을까요?" 의뢰인은 열심히 짱구를 굴려본다. '매일 가던 스타벅스를 이틀에 한 번 꼴로 줄이거나, 일주일에 한 번은 꼬박 가던 낙곱새

집을 격주에 한 번으로 줄인다면 한 달에 7만 원 정도 줄일 수 있지 않을까?' 거의 열에 아홉은 "그 정도는 줄일 수 있다."고 끄덕인다. 자, 그러면 나는 의뢰인에게 다시 이렇게 반문한다. "이 7만 원을 1년 동안 모으면 84만 원이 되는 겁니다. 어떠신가요?"

어떤가? 이제 상황은 클리어해졌다. 10퍼센트의 투자 수익률을 낼까? 아니면 간단하게 한 달에 지출에서 7만 원을 줄일까? 결과는 동일하다. 결국 우리가 가장 쉽게(?) 할 수 있는 <u>재테크는 어차피 지출을 통제하는 거다.</u> 안 입고 안 먹고 안 쓰는…. 아니, 이건 좀 심한 표현이고, 전보다 덜 입고, 덜 먹고, 덜 쓰는 라이프스타일을 갖는 거다. 물론 누구나 추구하고 싶은 근사한 라이프스타일은 아니겠지만 가장 확실한 방법이긴 하다. 더 아끼기!

하지만 의뢰인이 내가 하는 질문의 의도를 간파한다면 대번 이렇게 되받아칠 것이다. "난 먹고 싶은 거 먹으면서 수익을 내고 싶은데요?" 그러면 방법은 <u>더 버는 수밖에 없다.</u> 여기서 더 번다는 게 퇴근 후 논현동 먹자골목에서 대리기사를 뛰거나 하다못해 동네 피자집 배달 박스 접기를 시전하는 것일 수도 있지만, 로버트 기요사키가 말한 '나는 가만히 있으면서도 돈이 돈을 벌게 하는 시스템'을 우선으로 놓고 말하는 것이다. 어차피 노동자산은 시간과 나이가 들면서 한계에 봉착한다. 시기가 언제인가의 문제일 뿐, 그리고 그것을 자신이 할 것인가 아니면 국가가 해줄 것인가의 문제일 뿐 결국 우리는 <u>투자자산으로 갈아타야 한다.</u>

결국 우리나라의 평범한 회사원이 종잣돈이라고 말하는 목적 자금에 도달하기 위해서는 도둑질 빼고 다음의 세 가지 방법 밖에 없다고 확신한다. 아, 그러고 보니 로또 1등 당첨이 빠졌구나!

EARN: 종잣돈 모으는 조금은 뻔한 방법

1. 더 아낀다 — 지출 줄이기
2. 더 번다 — 소득 높이기
3. 투자한다 — 지렛대 이용하기

물론 이 세 가지 방법 모두 권할만하다. 부자는 기본적으로 돈이 새는 걸 틀어막는 데 귀신이다. 내가 만나서 투자 컨설팅을 해준 많은 부자들의 공통점은 푼돈조차 알뜰살뜰 아낀다는 사실이다. 누가 보면 사소하게 넘겨버릴 수수료 조금 아긴 것에도 매우 행복감을 느낀다. 하지만 부자는 마냥 아낀다고 해서 도달할 수 있는 위치는 아니다. 그건 자린고비지 재정적 자유를 얻는 사람은 아니다. 부자는 많이 번다. 어쨌든 파이를 키우는 것이 중요하다. 부자가 되려면 돈이 스스로 굴러갈 정도로 벌어야 한다!

종잣돈을 버는 방법에는 두 가지가 있다. 노동이나 시간을 파는 단순 벌이와 투자를 통해 수익을 얻는 방법. 전자는 몸뚱아리가 있는 사람이면 누구나 할 수 있는 벌이 수단이다. 왜냐? 나에게 있는 가장 기본적인 자산이 건강한 육체와 남아도는 시간이기 때문이다. 이런 일은 보통 진입장벽 자체가 없다. 그래서 대체인

력도 빠르게 내 자리를 치고 들어온다. 일의 난이도와 급여에 따라 잉여와 결핍의 양 극단을 오가지만, 대부분의 3D 직종은 인력 시장에서 쉽게 사람(고상한 말로 '인적자원')을 구할 수 있다. 이 방식은 이번 장 바로 다음 꼭지에서 상세하게 다룰 것이다. 반면 누구나 자연스럽게 대체 불가한 인력이 되어 좀 더 고차원적인 돈벌이 방식을 생각하게 되는데, 그 정점에 바로 투자 수익이라는 게 있다. 투자는 다음 챕터에서 본격적으로 다룰 예정이다.

주업과 부업의 가치
—파이프라인은 많을수록 좋다

직장인으로서 종잣돈을 버는 방법을 알아보자. 다시 한 번 확실하게 밝히지만, 여기서 소개하는 방법을 가지고 부자가 될 수는 없다. 우리는 종잣돈을 모으는 방식을 이야기하고 있다. 요즘 주업과 부업은 한끗 차이다. 한 마디로 주업과 부업의 경계가 모호해졌다는 것. 영어로도 주업vocation과 부업avocation은 고작 스펠링 하나 차이다. 요즘처럼 평생직장이 사라진 시대, 메인 잡으로 생각한 일이 하루아침에 날아가고 대신 단순히 취미라고 생각했던 일들이 주수입원으로 둔갑하기도 한다. 우리는 아무런 수익을 내지 못할 것 같은 사소한 아이디어 하나가 엄청난 부가가치를 내는 사업으로 거듭나기도 하고, 철옹성 같던 기업과 일자리가 아무 힘 한 번 써보지 못하고 맥없이 사라지는 시대에 살고 있다. 붕어빵 하나 안 굽고 떡볶이 한 접시 안 만들면서 모바일 배달앱 하나로 5년 만에 수십조의 시장이 뚝딱 만들어진다. 몇 년 전 장난삼아 플랫폼에 올린 영상 하나가 수백만 뷰를 돌파하며 옹달샘처럼 매달 인세와 같은 수익을 창출한다.

덩달아 회사원들 사이에서 부업이나 주말 직장이 붐을 타고 있다. 퇴근 이후 취미를 살려 적지만 별도의 부수입을 얻거나 주말을 반납하고 이틀간 다른 직장에 나가는 투잡족들이다. 남자 직장인 중에는 밤마다 대리를 뛰는 이들도 있다. 회사에서 주는 월급으로는 성에 차지 않은 젊은 세대를 중심으로 창업 동아리에 가담하거나 1인 창업, 소자본 창업에 도전하는 경우도 많다. 한 조사에 따르면, 우리나라 전체 직장인 중 '창업한 적이 있다'고 밝힌 직장인이 30퍼센트가 넘었고, '향후 창업 의사가 있다'는 직장인도 77퍼센트나 되었다고 한다. 이런 현상을 두고 모 유튜버는 "단군 이래 한국에서 오늘날처럼 돈을 쉽게 벌 수 있는 시대는 결코 없었다."고 단언한다. 그의 말에 과장이 섞였다 하더라도 나는 전부를 부정할 수는 없다고 생각한다. 그만큼 직장인들이 노려볼 수 있는 틈새는 훨씬 많아졌다.

민주주의는 정치에만 들어온 게 아니다. 경제 전반에 민주주의가 실현되었다. 21세기 들어 서울의 봄처럼 시장의 민주화 democratization of markets가 다가왔다. 과거에는 일부의 특권층, 정보를 가진 소수, 돈과 사람을 굴릴 수 있는 재벌들만 돈을 벌었다면, 요즘에는 누구나 자신의 콘텐츠와 아이디어만 가지고도 다양하게 돈을 벌 수 있기 때문이다. 플랫폼은 거의 무료로 활용할 수 있으며, 약간의 수수료만 가지고도 누구나 손쉽게 자신의 재화를 소비자에게 전달할 수 있게 되었다. 홍보나 마케팅도 매우 간편해졌다. 네이버나 페이스북 같은 포털사이트와 SNS 플랫폼을 중심으로 오늘날 쉽게 내 제품이나 서비스를 노출시킬 수 있다. 비용도 매우 저렴하다. 정말 신명나는 세상이다.

그렇다면 부업을 통해 파이를 키우는 데 주의할 것은 무엇일까? 첫 번째, 주업에 부담이나 영향을 주어선 안 된다. 무엇보다 주수입원이 안정적인 상태에서 부업을 노리는 것이기 때문에 애당초 주객이 전도되는 상황을 만들어서는 안 된다. 전에 사내에서 다단계나 네트워크 마케팅을 하다 해고당하는 경우도 봤다. 시간도 중요하다. 비즈니스business는 말 그대로 바쁜 것busy-ness이다. 아무리 세컨드잡이라 해도 비즈니스는 비즈니스다. 주업에 피해가 가지 않도록 시간 안배를 잘 해야 한다. 부업에서 나오는 수입이 주업을 역전하여 퇴사를 결심할 때까지는 끈질기게 회사에 붙어있어야 한다. 사직서를 내팽개치듯 던지고 뒤도 돌아보지 않고 나오는 통쾌한 상상은 사업이 안정적 궤도에 오를 때까지 가슴 한 구석에 고이 접어두자.

두 번째, 처음부터 너무 욕심을 부려서는 안 된다. 천리길도 한 걸음부터, 첫 술에 배부르지 않는 법이다. 부자가 되는 길은 상당한 물리적 시간이 투여되어야 한다. 과욕이 앞선 나머지 부업에 초기 자본을 너무 많이 투자하다가 회수하지 못하고 주저앉는 경우가 적지 않다. 한 동료가 건대역 뒤쪽으로 와인바를 차린다고 2억을 대출받아 6개월 만에 날리는 걸 봤다. 처음부터 너무 거창한 계획보다는 소소하게 작은 것부터 하나씩 해나가다가 점차 비즈니스의 역량을 키워나가는 게 바람직하다. 우수가 지나면 꽁꽁 얼어붙은 대동강 물도 풀리고, 경칩이 지나면 지난겨울 긇아떨어진 개구리도 알아서 튀어나온다. 될 놈은 되듯이, 방향과 때만 맞으면 될 비즈니스는 결국 된다. 여유를 갖자!

세 번째, <u>한 번에 너무 복잡하고 다양한 상품을 취급해서는 안 된다.</u>「골목식당」백종원도 식당의 메뉴를 대폭 줄이고 가짓수를 제한하는 걸 보라. 사업하는 사람의 눈은 다르다. 너무 많은 제품과 다양한 서비스를 내놓았다가 감당이 안 되면 낭패를 당할 수 있다. 물류와 물량도 제대로 확보하지 못한 상태에서 열나게 제품군만 늘린다고 고객이 갑자기 모이거나 바로 매출로 이어지는 건 아니다. 이소룡은 "나는 한 번에 만 가지 킥을 연습한 사람은 두렵지 않다. 나는 한 가지 킥을 만 번 연습한 사람이 두려울 뿐이다."라고 말했다. 한 가지라도 제대로 하라. 처음에 발차기가 안 된다면 이소룡처럼 엄지로 콧등을 치며 '아뵤~!'라도 연습하자는 심정!

잔소리는 여기서 각설하고 이제 본격적으로 종잣돈을 모으는 부업 플랫폼들을 알아보자. 요즘 유튜브나 블로그의 인기는 가히 하늘을 찌를 듯하다. 소비자와 유통업자를 연결해주는 오픈마켓 플랫폼도 특수를 누리고 있다. 영역도 대행서비스, 음악 저작권 투자, 배당, 출판 등 다양하게 펼쳐져 있다. 이런 다양한 분야의 틈새들을 알고 있기 때문에 요즘 2030 젊은 세대들은 시간을 쏟는 대신 돈을 쓰지 않는다.

우선 컴퓨터 지식이 조금 있는 직장인들이라면 네코랜드에 도전해볼 만하다. 남성들이라면 소싯적에 비디오게임을 즐기면서 한 번쯤 나만의 게임을 만들고 싶은 소박한(?) 꿈을 가져봤을 것이다. 요즘에는 거의 상식이 되어버린 네코랜드는 코딩 지식이 없더라도 누구든지 쉽게 온라인 게임(RPG)을 개발하고 출시해서 그 꿈을 이룰 수 있도록 도와주는 게임 개발 플랫폼이다. 전문적인 프로그래밍을 몰라도 맵 제작과 캐릭터 배치, 이벤트 제작, 아이템/스킬 데이터 등의 기능을 플랫폼에서 무료로 이용할 수 있다. 네코랜드 스튜디오에서 게임을 만들면 큐브라는 현금 결제 시스템을 통해 판매하여 이익을 얻을 수 있다. 페이스북이나 구글로 회원가입을 해서 계정을 파면 바로 나만의 게임을 만들 수 있다.

손재주가 남다른 여성 직장인이라면 아이디어스는 어떨까? 아이디어스는 핸드메이드 수공예 커머스 플랫폼으로 2014년 런칭 이후 여성들 사이에서 입소문이 나면서 빠르게 성장하고 있다. 예쁘고 아기자기한 제품들로 악세사리나 팬시 제품, 인테리어 소품, 캔들, 접시, 머그잔, 가방, 꽃, 의류, 가죽제품, 농축수산물, 디저트, 가구, 등 그 종류를 헤아릴 수 없을 정도다. 우리나라에서 유통되는 거의 모든 핸드메이드 제품을 구할 수 있는 곳이라고 생각하면 된다. 기존 작가의 추천을 받아 들어가거나 직접 입점심사를 거치면 플랫폼에 물건을 올릴 수 있다. 최근에는 아이디어스 본사에서 직접 스카우트 제의를 하는 경우도 많다. 나는 개인적으로 반려견 수제 육포를 만들어 판매하는 친구를 알고 있는데 수입이 웬만한 직장인 월급보다 세서 놀랐다.

평범하지만 꾸준함으로 자신의 탤런트를 재화나 서비스로 만들 수 있는 직딩들이라면 크몽이나 탈잉, 숨고 같은 대표적인 재능 오픈 마켓들도 노려볼 수 있다. IT나 콘텐츠 제작, 디자인이나 일러스트 같이 결과물을 만들어 주는 서비스부터 외국어나 과외와 같이 지식을 팔거나 무형의 재능을 제공하는 서비스까지 종류와 형태도 매우 다양하다. 오픈마켓 형태로 간단한 가입 절차만 거치면 누구나 서비스를 사고 팔 수 있다. 크몽은 이 분야에서 선두주자로 '크몽에 없는 건 대한민국에도 없다.'는 말을 실감할 정도로 다양한 프리랜서들이 모여 있는 플랫폼이다. 반면 숨고는 자신의 견적서를 고객에게 DM처럼 보내 매칭을 하는 방식을 취한다. 탈잉의 경우는 자신의 강의를 개설해서 관심 있는 회원을 모으는 방식이다.

이도저도 할 만한 재주도 지식도 없다면, 단순히 제품 홍보문구를 긁어서 소개하는 건 어떨까? 쿠팡파트너스 같은 프로그램이 안성맞춤이다. 쿠팡파트너스는 쿠팡에 올라와 있는 제품을 네이버나 다음, 티스토리 같은 블로그에 소개하고 이를 통해 매출이 일어났을 때 회사로부터 일정한 수수료를 제공받는 방식이다. 쿠팡 입장에서는 간접적으로 제품 홍보를 해주었기 때문에 그 광고비의 일부를 블로거들에게 나누어주는 셈이다. 방식은 이와 조금 다르지만, 구글의 애드센스도 일종의 광고 게재 사업으로 분류된다. 개인 홈페이지나 블로그, 유튜브 계정에 광고를 띄울 수 있고 노출 빈도에 따라 광고비 일부를 챙길 수 있다.

최근에는 젊은 직장인들 사이에서 와디즈나 텀블벅 같은 크라우드 펀딩 플랫폼을 중심으로 자신이 만든 콘텐츠를 판매하는 문화가 생겨났다. 크라우드 펀딩은 콘텐츠는 있으나 제작비용이 없어서 관심 있는 불특정다수의 사람들을 모아 자금을 펀딩하는 것이다. 제작자가 프로젝트를 플랫폼에 올리고 목표 금액과 모금 기간을 정하면 관심 있는 사람들이 달라붙는 방식이다. 쓸데없는 지출을 줄이고 제작에 필요한 자금을 손쉽게 확보할 수 있다는 장

EARN: 각종 부업 플랫폼들의 특징

유튜브	www.youtube.com	영상 콘텐츠 플랫폼
네이버 블로그	section.blog.naver.com	텍스트 콘텐츠 플랫폼
네코랜드	nekoland.net	게임 개발 공유 플랫폼
크몽	kmong.com	재능 콘텐츠 분야별 전문가 매칭 플랫폼
아이디어스	www.idus.com	핸드메이드/수공예 쇼핑몰 구축 솔루션
탈잉	taling.me	재능 콘텐츠 분야별 전문가 매칭 플랫폼
숨고	soomgo.com	재능 콘텐츠 분야별 전문가 매칭 플랫폼
당근마켓	www.daangn.com	중고 거래 및 소상공인 홍보 플랫폼
스마트스토어	sell.smartstore.naver.com	블로그형 원스톱 쇼핑몰 구축 솔루션
와디즈	www.wadiz.kr	문화 콘텐츠 크라우드펀딩 플랫폼
텀블벅	www.tumblbug.com	문화 콘텐츠 크라우드펀딩 플랫폼
뮤직카우	www.musicow.com	음원 저작권료 공유 플랫폼

점 때문에 이미 이쪽에 재능이 있는 친구들은 활발하게 활용하고 있으며 개중에는 꽤 큰 수익을 거두는 경우도 있다.

대표적인 사례가 바로 출판 제작에 특화된 텀블벅을 통해 세상에 나온 『죽고 싶지만 떡볶이는 먹고 싶어』이다. 이 책은 출판사를 거치지 않고 작가 백세희 씨가 직접 텀블벅에서 크라우드 펀딩을 진행해서 유명해진 케이스다. 이후 입소문을 타고 책이 팔리면서 정식으로 출판사를 거쳐 재출판되었고, 오프라인 서점에서 단숨에 베스트셀러에 오르며 많은 이들로부터 인기를 모았다. 최근 선보인 이미예 씨의 『달러구트 꿈 백화점』 역시 텀블벅에서 대박을 치고 출판사에서 다시 출판된 소설이다. 이 글을 쓰고 있는 순간에도 베스트셀러 순위에서 내려올 생각을 안 한다. 텀블벅 같은 플랫폼이 활성화되면서 신춘문예나 신문사를 끼고 하는 ××문학상 같은 기존의 작가 등단 패러다임 자체가 무의미해졌음을 알려주는 대표적인 사례가 되었다.

어느 정도 종잣돈이 모였다면 이제 투자로 넘어가야 한다. 노동자산에서 투자자산으로 자산의 체질을 개선하는 것은 재정적 자유를 갈구하는 2030 직장인들이 반드시 고민해야 할 문제다. 투자는 돈과 함께 시간을 주는 부자의 최종 재테크 수단이기 때문이다.

CHAPTER 9

워런 버핏 따라하기—장기적인 가치투자로 노후를 대비하라

"10년 동안 보유할 주식이 아니라면, 단 10분간도 보유하지 말라." 워런 버핏의 이 명언만큼 투자에 대한 그의 철학을 잘 보여주는 말이 따로 없다. 될성부른 나무는 떡잎부터 안다고 역시 위인은 어려서부터 뭔가 달라도 다른가 보다. 1930년생인 버핏은 어려서부터 코카콜라 한 팩을 25센트에 사서 동네를 돌며 이웃들에게 병당 5센트씩 받고 팔았으며, 초등학교를 다닐 때에는 경마 정보지를 손수 만들어 한 부당 25센트에 팔았다고 한다. 경마장에 들어서는 아저씨들은 시합에 참여하는 각 경주마들의 우승 확률을 적어놓은 버핏의 「마구간 소년의 선택」을 기꺼이 사주었다. 여덟 살 때 그는 주식중개인이었던 아버지의 서가에 꽂혀 있던 주식 관련 책들을 읽기 시작했고, 열한 살 때 벤저민 그레이엄의 『증권분석』을 탐독하기도 했다.

투자조합을 설립해 본격적으로 주식투자에 뛰어들었을 때 버핏의 수익률은 원금 아래로 감소하거나 다우존스지수에 뒤진 적이 한 차례도 없었다. 1957년부터 1962년까지 평균 다우존스지수가 8.3퍼센트 성장했을 때 버핏의 투자조합은 매년 26퍼센트씩 성장했다. 그는 매년 주주총회 때 투자조합편지를 돌렸는데, 버핏의 편지는 많은 투자자들에게 미시적인 투자 방향과 거시적인 철학을 함께 제시한 자료로 평가받고 있다. 1963년, 버핏은 '복리의 즐거움'이라는 제목의 편지를 조합원에게 돌렸는데, 이는 그의 투자가 어떤 가치를 바탕으로 세워진 것인지 가늠할 수 있게 해준다.

1626년, 북미 인디언들이 네덜란드에서 신대륙으로 건너온 이주민들에게 맨해튼을 단돈 24달러에 판 것은 유명하다. 당시 인디언들은 자신들이 헐값에 넘겼던 자그마한 땅덩어리에 전 세계 금융을 주름잡게 될 월가가 들어설 것이라고는 꿈에도 생각지 못했을 것이다. 만약 그 돈을 은행에 저축했더라면 지금쯤 얼마의 자산을 가지게 될까? 월가의 전설적인 투자자 존 템플턴은 당시 원주민들이 맨해튼을 팔고 받았던 금액을 복리의 관점에서 흥미롭게 해석했다. 만약 원주민들이 그 돈으로 매년 8퍼센트의 복리 수익을 내는 은행 상품에 투자했다면, 템플턴의 계산으로는 1926년에 24달러가 2,550억 달러가 되어 같은 해 미연방 1년 예산의

60배가 넘는 금액으로 불어났을 것이다. 복리가 가지는 마법과 같은 위력이다. 투자 자산이 왜 중요한지 설명해주는 사례다.

워런 버핏은 복리의 마법에 대해 이렇게 말한다. "초보자에게 이것은 괜찮은 거래처럼 들립니다. 그렇지만 인디언들은 실제로는 6.5퍼센트의 수익률을 가지게 되었습니다. 그 땅을 사들이고 싶어했던 네덜란드의 식민지 행정관 페터 미노이트를 대리해 뮤추얼 펀드 대리인이 그들에게 그 정도의 수익을 약속했을 것입니다. 6.5퍼센트라면 24달러는 338년 후에 420억 달러가 됩니다. 그리고 만약 그들이 좀 더 쥐어짜내 0.5퍼센트를 추가로 받아내 7퍼센트로 올린다면 그것의 현재 가치는 2,050억 달러가 됩니다."[2] 버핏은 이미 주식투자를 본격적으로 시작한 20대 중반에 이러한 복리의 마법이 자신을 부자로 만들어줄 거라고 확신했다. 그리고 그 확신은 현실이 되었다.

2 제레미 밀러, 『워런 버핏, 부의 기본 원칙(북하우스)』, 이민주 역, 58.

투자의 두 가지 조건—리스크와 캐시플로우

우리나라처럼 주식투자에 대해 왜곡된 시각을 가지고 있는 나라도 흔치 않다. 주식투자의 본고장 미국에서는 2020년 기준 전체 국민 중 대략 55퍼센트가 주식투자를 하고 있는 것으로 보고된다. 2002년 67퍼센트보다 많이 낮아졌지만 여전히 우리나라보다 높은 수치다.[3] 우리나라의 경우는 2019년 기준 10퍼센트를 조금 넘는 정도다. 10명 중 고작 1명만이 주식을 보유하고 있다는 뜻이다. 그나마 10여 년 전 8퍼센트 언저리에 머물던 것에 비하면 경제활동인구가 주식시장으로 꾸준히 들어오고 있다는 점은 위안거리다.

유럽 선진국 영국이나 네덜란드도 국민들의 30퍼센트 후반이 주식투자를 하고 있으며 독일 국민들도 20퍼센트 가까이 주식을 보유하고 있는 것으로 알려져 있다. 선진국 중에서 우리나라와 비슷한 주식투자 비율을 가지고 있는 나라는 일본이 유일하다. 일본

---

3 https://www.forbes.com/sites/teresaghilarducci/2020/08/31/most-americans-dont-have-a-real-stake-in-the-stock-market/?sh=5c1813f21154

은 전통적으로 부동산이나 예금에 자금을 묻어두는 경향이 강하며 주식투자 비중은 고작 10퍼센트 전후에 머물러 있다. 주식투자를 불로소득으로 보는 뿌리 깊은 편견이 작용한 결과다.

우리나라에서도 많은 분들이 투자를 돈 놓고 돈 먹기처럼 도박이나 일확천금을 얻는 투기쯤으로 생각하는 것 같다. 여러분은 어떤가? 누가 20대에 종잣돈 백만 원을 가지고 백억을 모았다면 사람들은 그가 집어주는 투자 종목을 귀동냥하려고 그의 세미나에 우르르 몰려간다. 수십만 원에서 때로는 수백만 원 하는 수강료도 마다하지 않는다. 소문난 잔치에 먹을 거 없다고 그들이 제시해주는 전략이나 추천 종목이 대부분 알고 있는 상식적인 수준의 내용들이라 현실성이 없는 경우가 많았다. 물론 깨달은 것도 있었다. 세상에 정말 사기꾼들이 넘쳐난다는 교훈?

주식투자는 미국에서 넘어온 문화다. 우리나라에 아직 정착하지 못한 건 여러 이유가 있지만 주식투자에 대한 몰이해도 한몫했다고 생각한다. 엄연한 투기를 투자로 보는 이들이 그간 많았다. 그나마 최근에 주식투자에 대한 사회적 인식이 바뀌면서 건전한 방향으로 나아가고 있는 건 다행이다. 우리나라에는 최근 개미들 사이에서 세 가지 방식의 투자가 인기 있는 것 같다. 워런 버핏의 가치투자, 필립 피셔의 성장투자, 피터 린치의 일상투자. 개인적으로 나는 버핏을 추종하고 있기 때문에 가치투자에 대한 여러 책과 자료들을 읽어왔다. 그렇다고 필립 피셔나 피터 린치 같은 투자가들을 무시하지 않는다. 내 서재에는 이들의 책들도 나란히 꽂혀 있다.

버핏은 "위험은 투자자가 자신이 무엇을 하는지 모를 때 이르러 온다."고 말했다. 외부의 소문이나 순간의 변심으로 가치를 팔지 말고 장기적으로 오래 갈 수 있는 분야에 투자하라는 뜻이다. 반면 린치는 일찍이 "당신이 약간의 신경만 쓰면 직장이나 동네 쇼핑상가 등에서 월스트리트 전문가들보다 훨씬 앞서 굉장한 종목들을 골라 가질 수 있다."고 말했다. 일상에서 종종 얻는 힌트와 단서를 무시하지 말고 투자에 접목하라는 말이다. 피셔는 말한다. "그저 약간 더 나아보이는 기업은 결코 엄청난 투자 수익을 가져다 줄 수 없다." 성장투자는 지금도 나아보이지만 장차 독보적으로 성장할만한 기업에 투자하라는 것이다.

다 좋은 말이다. 그런데 정작 투자에 직접 나서려면 어디서 어떻게 해야 할지 난감할 때가 많다. 세상 둘도 없는 주알못(주식을 전혀 알지 못하는)으로서 맨처음 주식계좌를 트는 법부터 ETF, 미국 배당주에 투자하는 법까지 직접 하나씩 경험해보고 알아가는 노력이 필요한 이유다. 이번 챕터는 전문적인 투자 계획보다는 주린이(주식어린이) 탈출을 목표로 하는 장으로 보면 되겠다. 지면상 모든 전략을 다 설명할 수는 없고 기본 원칙만 제시하겠다.

이것저것 다 떠나서 주식투자에서 가장 중요한 조건은 두 가지 밖에 없다. 첫 번째는 <u>리스크다.</u> 하이 리스크 하이 리턴high risk high return이라는 말을 들어봤을 것이다. 말 그대로 위험이 클수록 보상도 커진다는 뜻이다. 리스크와 보상은 정비례 관계다. 리스크를 올리면 투자 대비 수익이 높아지고, 리스크를 내리면 수익도 덩달아 내려간다. 따라서 수익을 많이 내고 싶다면 제일 먼저 내가 리스크를 어느 정도까지 안을 수 있는지 자문해야 한다. 쉽게 말해, 백만 원을 투자한다고 했을 때, 그 백만 원이 나에게 있어도 그만 없어도 그만인 돈이라면 백만 원이라는 원금을 잃을 리스크를 내가 감당할 수 있다는 뜻이다. 반대로 투자금 백만 원이 다음 달 당장 월세로 들어가야 할 돈이라면 리스크에 매우 취약한 상태라고 볼 수 있다. 리스크 관리가 그만큼 중요하다는 얘기다.

내가 현재 있는 위치(P)에서 투자를 계획하고 있다면, 리스크를 내릴 수 있는 지점으로 이동하던지(A), 리턴을 높일 수 있는 지점으로 이동해야(B) 한다. A는 수익을 조금 낮추더라도 안전한 투자

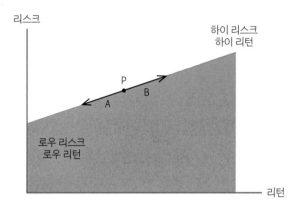

EARN: 리스크와 리턴의 상관관계 그래프

를 계획하는 것이라면, B는 위험률을 조금 높이더라도 높은 수익률을 노리는 것이다. 리스크와 수익은 투자금이 높을수록 올라가며, 투자금이 낮을수록 내려간다. 백만 원 투자하는 것과 천만 원 투자하는 것은 리스크와 수익에서 큰 차이를 낸다.

두 번째 투자 조건은 캐시플로우다. 캐시플로우cash flow는 현금의 흐름을 말하는데, 투자에서 캐시플로우가 중요한 이유는 투자금을 현금으로 바로 전환할 수 있는 비율이 리스크와 직결되기 때문이다. 여기에는 시간이라는 개념이 들어간다. 내가 예탁(투자)한 금액을 바로 뽑을 수 있다면 캐시플로우가 매우 좋은 상태라고 할 수 있다. 반면 내가 걸어 놓은 금액을 바로 뽑을 수 없고 이런저런 조건들에 묶여 있는 상태라면 캐시플로우가 낮다고 말할수 있다. 대표적으로 캐시플로우가 낮은 자산이 부동산이다. 이러한 캐시플로우를 잘 이해할 수 있는 영국 속담이 하나 있다. 숲속의 새 두 마리보다 내 손아귀에 새 한 마리가 낫다A bird is the hand is worth two in the bush. 아무리 많은 돈이라도 물려 있는 상태라면 현금화하는 데 어려움을 겪게 되며, 자유로운 자산으로 끌어다 쓰기에 불편하다. 금액은 조금 적지만 입출금이 자유롭고 원할 때면 언제나 현금화할 수 있는 돈이라면 충분히 훌륭한 자산이 된다.

주린이를 위한 주식투자의 기초

버핏형 주식투자에 대해 살펴보자. 버핏의 가치투자를 설명하기 전에 우선 초보들을 위해 주식에 대해 간단한 설명이 필요할 것 같다. 주식투자에는 성격에 따라 크게 세 가지로 나눌 수 있다. 가치주와 성장주, 테마주가 있는데, 이는 고스란히 투자 방식으로 귀결된다. 우선 가치주는 자산에 비해 현재 기업의 가치가 상대적으로 저평가되어 있어 시장에서 낮은 가격에 거래되는 주식을 말한다. 쉽게 말해서, 가치주는 내재가치가 주식시장에서 주어지는 가치보다 실질적으로 더 큰 기업이 발행한 주식이다. 진흙 속에서 진주를 건지듯, 가치주에 투자하려면 기업의 잠재적 성장성과 미래 가치를 내다 볼 수 있는 안목이 필요하다. 무조건 싸다고 다 가치주가 되는 건 아니다. 도리어 시장에서 싼 건 대부분 그만한 이유가 있다. 버핏의 스승이었던 그레이엄은 이런 무가치한 주식을 '담배꽁초'에 비유했다. 불이 붙더라도 꽁초는 꽁초에 불과하다.

반면 성장주는 현재 가치에 비해 미래의 수익이 클 것으로 기대되는 주식을 일컫는다. 재무구조가 양호하고 시장점유율이 높으며, 영업이익이 증가하는 기업이라면 성장주라 할만하다. 쉽게 말해서, 성장주는 지금 막 성장을 하고 있는 기업이 발행한 주식이다. 가치주는 매수 타이밍에 시장가격이 낮아야 한다면, 성장주는 비록 지금 시장가격이 높더라도 미래에 더 높아질 것으로 예상되는 기업의 주식이다. 그레이엄은 『현명한 투자자』에서 순수 운영 자본의 3분의 2보다 낮은 가격에 거래될 때에만 주식을 사야 한다고 주장한다. 현명한 투자자라면 안전마진, 즉 비즈니스의 실제 가치가 주식시장에서의 가격보다 훨씬 높아야 한다는 점을 염두에 두라고 역설했다. 반면 성장주는 이미 시장이 그 기업의 가치를 높이 평가한다 하더라도 미래에 지금보다 그 가치가 훨씬 높을 것이기 때문에 얼마든지 구입할 수 있는 주식이다.

성장주는 시장에서 보통 우량주라고 불리기도 한다. 사실 성장주와 우량주의 구분이 모호하다. 우량주는 시가 총액이 크고, 재무 구조가 튼튼한, 그러면서도 시장을 독과점하고 있는 회사들이 발행한 주식으로 대부분 성장주라고 봐도 좋다. 영어로 블루칩blue chip이라 하는데, 오늘날 삼성전자나 카카오, 네이버, 구글, MS, 코카콜라, 아마존 등이 여기에 해당한다. 우량주는 가격 변동이 상대적으로 적고 향후 하락할 가능성이 낮기 때문에 특히 안전 지향적인 개인 투자자가 장기 투자하기에 안성맞춤이다. 일시적인 주가 변동에 일희일비하지 말고 10년에서 20년 이상 꾸준히 장기 보유한다면, 많은 수익을 가져다줄 수 있는 종목이다.

EARN: 주식투자의 주식 형태

가치주	실적이나 자산에 비해 기업의 가치가 상대적으로 저평가된 주식으로 금융, 건설, 유통, 자동차 산업 등이 있다.
성장주	현재 높은 매출과 이익금으로 성장과 장래성이 뚜렷한 주식으로 바이오, 게임, IT, 신재생에너지 산업 등이 있다.
테마주	사회 및 경제 상황에 따라 등락이 이뤄지는 주식으로 매수나 매도 시점을 현명하게 판단해야 수익성을 기대할 수 있는 상품

테마주는 사회 경제적 이슈가 시장에 변동을 초래하고 그 변동에 따라 등락이 이뤄지는 주식을 말한다. 특정한 테마와 관련이 있는 주식(관련주라고 한다)은 이슈가 가라앉을 때까지 가격에 영향을 받는다. 이를 테면, 뜻하지 않게 코로나19가 전 세계를 강타한 2020년 초중반 공중 보건을 테마로 한 의료용 마스크와 소독제와 백신 관련된 주식들이 대거 호황 장세를 이끌었다. 사회적 거리두기로 인해 식당과 카페가 문을 닫고 대면 접촉이 줄어들면서 배민이나 쿠팡 같은 배달업과 온라인 마케팅 관련주들도 덩달아 떡상을 이어갔다. 반면 오프라인 프랜차이즈 레스토랑과 카페, 요식업은 같은 사회 현상 때문에 하락세를 면치 못했으며, 전 세계가 락다운에 걸리면서 여행과 숙박, 항공 관련 업종들은 모두 하락세를 이어갔다. 이렇게 테마주는 특정한 사회 문화적 현상, 경제적 상황과 맞물리면서 등락이 심한 특징이 있기 때문에 매수와 매도타이밍을 맞추는 일에 주의가 필요하다.

그렇다면 어떻게 가치주를 찾을 수 있을까? 그 기업의 영업

실적과 자산 가치가 우수해야 하며, 회사의 재무 건전성과 안정적인 성장세, 회사 CEO의 경영 철학과 마인드 등 전체적인 지표들이 좋아야 한다. 증권가 정보지나 각종 투자 유튜브 채널들을 참고하는 건 좋지만, 자신만의 투자 원칙을 고수하는 것이 바람직하다. 투자자의 형편이 다르고 관점이 상이하기 때문에 주변의 비전문가들의 이야기를 듣고 매수하거나 시장을 잘못 읽고 더 오를 거라는 욕심에 매도 타이밍을 놓치는 투자 방식은 곤란하다. 시류에 휩쓸리거나 감정적인 투매, 무턱대고 지르고 보는 묻지마 투자는 지양해야 한다. 대중들의 마음을 관심법으로 읽어낼 수 있는 궁예가 아닌 이상 아무리 전문가라도 시장의 흐름을 정확하게 예상할 수 있는 사람은 아무도 없다. 무릎에서 진입해서 어깨에서 나간다, 발목에서 주워서 목덜미에서 턴다 등 아무리 조언을 많이 들어도 막상 내가 투자한 주식이 떡상하고 있는 순간에는 사람의 마음이 간사해지기 너무 쉽다.

그렇다면 주린이는 어떻게 투자해야 할까? 전문투자가가 아니라 개미라면 자신만의 원칙을 가지고 매달 적금하듯 일정 금액을 투자하는 적립식 투자가 제일 안전하고 바람직한 방법 중 하나다. 시장의 변동성을 따라 가면서 서로 다른 가격에 매수하면서 위험을 미리 분산시키는 효과가 있기 때문이다. 다양한 시점에서 주식을 사들인 투자자는 무조건 밀어 넣은 이들보다 본전 생각이 덜 나며 그렇기 때문에 보다 이성적인 판단을 내릴 수 있다.

남들의 말을 따르다 보면, 원칙이 흔들리고 결과적으로 무리수를 두게 된다. 차트에 집중하지 말고, 가치에 집중하라. 널뛰기 장세, 보합세, 박스권 같은 말에 현혹되지 말고 내가 잡은 회사의 가치를 믿고 끈덕지게 투자하라. 일시적인 낙폭을 두려워하지 마라. 잠깐의 반등에 일희일비하지 마라. 그레이엄이 가치투자 방식을 개발한 것도 1929년 미국의 주식시장이 완전히 몰락한 이후였다. 기억하라! 위기는 기회다. 시장이 떡락할 때 투매한 주식들을 헐값에 줍는 방식으로 오마하의 현인은 오늘의 투자 제국을 이뤘다.

EARN: 주린이의 주식투자 원칙

---

1. 매달 적금을 붓듯 규칙적으로 투자하라.
2. 차트에 현혹되지 말고, 가치에 집중하라.
3. 낙폭을 두려워말라 ─ 위기는 기회다.

기본적으로 주식투자는 팔지 않는 법을 터득하는 과정이지만, 때로는 과감하게 매도할 줄도 알아야 한다. 주식을 파는 경우는 예외 조항에 해당한다. 가장 일반적인 매도 이유는 갑자기 돈이 필요할 때일 것이다. 인생에는 언제나 예상치 못한 복병이 숨어 있다. 자녀 교육비랄지 노후 대비는 시간이 지나면 반드시 나에게 닥치는 일이기 때문에 어느 정도 예산 범위 안에서 예상이 가능하다. 하지만 갑자기 가족이 아프던지 뜻하지 않은 실직으로 갑자

기 목돈이 필요할 때 가지고 있던 자산을 정리할 수밖에 없는 때도 있다. 이런 경우가 일어나지 않는 게 베스트지만, 내 경우도 그렇고 열에 서넛은 인생이 계획대로 흘러가지 않는 것 같다.

두 번째 매도 타이밍은 보유하고 있는 주식보다 더 사고 싶은 게 시장에 나타날 때, <u>더 성장 가치가 높은 주식을 발견했을 때다.</u> 이런 경우에는 한시라도 빨리 주식을 갈아타는 게 좋다. 이를테면, 내가 A라는 주식을 가지고 있는데, B라는 주식이 향후 10~20년 뒤를 봤을 때 압도적으로 성장 잠재성이 있다고 판단되면 A 주식을 빨리 매도하고 B에 투자해야 한다. 누군가는 "계란은 한 바구니에 담지 말라고 했는데 위험은 분산시키는 게 옳지 않느냐?"고 반문할 수 있을 것이다. 이렇게 되묻고 싶다. A에서 얻어지는 이익을 B에서 얻어지는 이익으로 다 덮고도 훨씬 남는데 그럼 A 주식을 끝까지 쥐고 있는 게 맞는가? 피터 린치는 이렇게 말했다 "나는 보유하고 있던 주식을 갑작스럽게 팔고 다른 주식으로 빈자리를 채우곤 했다. 이런 급격한 종목 변경은 운용정책의 변화 때문이 아니라 새로운 기업을 방문했다가 지금 보유하고 있는 기업보다 새 기업이 더 낫다고 판단했기 때문이다. (…) 막 발견한 더 좋은 주식을 사기 위해선 기존에 갖고 있던 무엇인가를 팔아야 했다. 나는 언제나 무엇인가를 사고 싶어 했기 때문에 언제나 무엇인가를 팔아야 했다."[4]

---

4 피터 린치, 『이기는 투자(흐름출판)』, 권성희 역, 157.

세 번째는 <u>내 판단이 틀렸음이 확인될 때다.</u> 이 이야기는 뒤집어 말하면, 내가 보유한 주식이 더 이상 성장세가 크지 않다고 판단될 때일 것이다. 반성은 빠를수록 좋다. 잘못된 길에 들어섰더라면 빨리 유턴하라. 주식투자에서 매몰비용의 오류를 범해서는 안 된다. 매몰비용의 오류는 쉽게 말해, 한참을 기다려도 오지 않는 버스를 기다린 시간이 아까워 계속 죽치고 정류장에 서 있는 행동을 말한다. 그동안 해왔던 투자가 손실이 났을 때 그 부분을 덮고라도 빠져 나와야 하는데 매몰비용의 오류에 빠지면 신속한 결단을 하지 못하는 우를 범하게 된다.

EARN: 보유한 주식을 매도해야 할 세 가지 경우

1. 뜻하지 않게 목돈이 필요할 때
2. 더 가치 있는 주식을 발견했을 때
3. 내 판단이 틀렸음을 확인했을 때

이렇게 트릿의 세 번째 단계인 어닝이 끝났다. 이제 네 번째 단계인 애스크로 넘어가자. 애스크는 인생의 좌표를 설정하고 근본적인 물음을 묻는 단계며, 특히 트릿의 다른 과정들과 매우 긴밀하게 연관되어 있다.

트릿!
물어라

TURN · READ · EARN · ASK · TRAIN

구하라Ask, 그러면 너희에게 주실 것이요.

• 예수

CHAPTER 10

길을 물어라—질문에 답이 있다

"구하라, 그러면 너희에게 주실 것이요. 찾으라, 그러면 찾을 것이요. 문을 두드리라, 그러면 너희에게 열릴 것이니 구하는 이마다 얻을 것이요. 찾는 이가 찾을 것이요. 두드리는 이에게 열릴 것이니라."[1] 이 문장을 어디서 읽었을까? 보통 액자로 집안 거실 중앙에 보기 좋게 걸려있는 성구인데, 뜬금없이 공중화장실 문 앞에 낙서로 적혀있으면 안에서 일보고 있는 사람이 왠지 불안해지는(?) 문구이기도 하다. 밖에서 누군가 노크만 해도 아마 등줄기에 식은땀이 날 것이다. 어쨌든 '구하라'라고 번역된 이 단어는 본래 영어로 '애스크Ask'다. 자, 이제 영어 시간이다. 예수가 말한 전체 문장은 다음과 같다.

---

1 성경, 마태복음 7장 7~8절.

Ask, and it shall be given you.

직역하면, '물어라. 그리하면 그것이 너희에게 주어질 것이다.' 쯤 될 것이다. 영단어 애스크는 크게 두 가지 의미가 있다. '묻다' 라는 의미와 '구하다'라는 의미이다. 문맥에 따라 이 의미도 될 수 있고 저 의미도 될 수 있다. 성구를 영어로 옮겨 놓으니 우리나라 말과는 확실히 어감이 달라진다. 질문을 '묻는' 행위는 해답을 '구 하는' 행위다. 물음은 때로 요청이며, 때로 적극적인 추구가 된다. 흔히 중학교 영어 시간에 배운 "May I ask you a question?"은 질 문에 대한 답을 구하는 요청이다.

네 번째 트릿의 단계는 바로 애스킹이다! 애스킹은 앞서 터닝 과 리딩, 어닝을 감행한 내가 질문을 묻고 해답을 구하는 과정이 다. 초행길에 낯선 곳을 찾는다고 생각해 보자. 길을 몰라 지나가 는 사람에게 방향을 물어야 한다. 모르면 묻는 게 당연하다. 요즘 에야 최첨단 GPS 내비게이션이 나와서 목적지만 찍으면 최단거 리에 도착시간까지 재깍 알려주는 시대지만, 십여 년 전만 해도 누구든지 모르는 길은 약도를 그려 물어물어 찾아갔다. 모르는데 묻지도 않고 여기저기 쑤시고 다니는 건 헛똑똑이 짓이다. '묻지 도 따지지도 않는' 자세는 보험 갱신할 때나 좋을지 몰라도 인생 의 미로를 더듬어 찾아갈 때에는 재고해야 할 태도다. 터닝과 애 스킹은 사실 선후가 없다. 어쩌면 물음과 의문이 있기 때문에 인 생의 유턴을 감행할 수 있는 법이다. '해골물인지 몰랐을 때 왜 나는 시원하게 마셨지?'라는 질문이 원효를 낳았다.

우리는 어린아이일 때부터 묻는 것에 능숙했다. 눈에 보이는 건 뭐든지 궁금한 것 투성이였다. '왜?'는 또 다른 '왜?'를 낳고 질문은 항상 또 다른 질문을 불러왔다. 엄마 아빠는 아이의 끝없는 질문에 귀찮은 듯 둘러댄다. "애야, 그건 크면 알게 된단다." "자꾸 왜라고 묻지 마라. 거기엔 이유가 따로 없으니까." 하지만 크면서 정답을 알아가는 게 아니라 질문을 잃어간다는 사실을 어른들은 모른다. 더 이상 묻지 않으니 답할 이유도 없어진다. 질문이 사라진 교실에는 설익은 지식들만 넘쳐난다. 질문할 이유를 상실한 아이들은 어렸을 때 그토록 열심히 봤던 교육 만화 『WHY시리즈』를 더 이상 보지 않는다. 어느 순간에 궁금하지도, 호기심도 없는 성인이 되어버린다.

트릿의 네 번째 단계는 애스크다. 잃어버린 질문을 되찾는 과정이자 본격적으로 정답을 찾아나서는 출발점이다. 묻기 전에는 인생이 시작하지도 않은 셈이다. 질문과 추구, 그 사이에 오늘의 내가 살아간다.

질문 있습니다—누굽니꽈

질문을 던지는 것은 길을 구하는 것이다. 질문을 잃어버린 현대인들은 그래서 길을 잃은 채 배회하고 있는지 모른다. 손을 들고 "질문 있습니다."를 자신 있게 외치는 사람이 실종됐다. 나는 평소 '괜히 나서지 말고 가만히 있으면 중간이라도 간다.'는 말을 싫어한다. 중간에 머물기로 결심한 것은 이미 실패하기로 작정한 것이기 때문이다. 그 대표적인(?) 사례가 있다. 지난 2010년(그러고 보니 벌써 10년 전 일이다!) 우리나라에서 각국 정상들이 모이는 G20 정상회의가 개최되었다. 당시 미국 대통령이었던 버락 오바마는 프레스센터에 모인 전 세계의 외신 기자들 앞에서 말했다. "한국이 이번 정상회의를 개최국으로 훌륭하게 이끌어왔기 때문에 한국 기자들에게 질문권을 한 번 드리겠습니다." 오바마는 수준 높은 행사 진행에 감사를 표하며 자기 딴에는 한국 국민들에게 호의를 베푼답시고 질문 우선권을 넘긴 것이다. 보는 관점에 따라 대단한 특혜인 셈이다.

순간 전 세계가 '까암짝' 놀랄만한 일이 벌어졌다. 프레스센터에 모여든 그 많던 한국 기자들 중 그 누구도 오바마가 선심성으로 건넨 질문권을 행사하지 않았던 것이다. 소름끼치는 정적만이 프레스센터를 채웠다. 오바마는 참을성 있게 1분을 기다렸으나, 그 자리에 참석한 한국 기자들 중 누구도, 아무도 '감히' 질문하려고 하지 않았다. 모두들 중간이라도 가자는 심정이었을까? 보다 못한 중국 관영매체 CCTV의 한 기자가 손을 번쩍 들었다. 오바마는 한국 기자인 줄 알고 반겼으나 그는 벌떡 일어나 이렇게 말했다. "실망을 시켜드려 죄송하지만, 저는 중국 기자입니다. 제가 아시아를 대표해서 질문해도 팬찮을까요?" 오바마는 당시 중국과의 미묘한 외교적 긴장 때문인지 그 제안에 난감해했고, 중국 기자는 "그럼 한국 기자들에게 제가 질문해도 되는지 허락을 받으면 될까요?"라고 되받아치는 촌극이 벌어졌다.

다음날 한 일간신문은 이날 있었던 해프닝을 다루며 질문을 잃어버린 한국 사회에 대한 엄중한 질타를 쏟아냈다. 더불어 자신의 주장이나 이견을 공개적으로 드러내는 것을 미덕으로 여기지 않던 유교적 문화 때문이라는 둥, '가만히 있으면 중간이라도 간다.', '몰라도 아는 척 해라.'와 같은 평균주의가 이 사태를 키웠다는 둥 여러 진단들이 내려졌다. 한국 기자들이 평소 영어에 대한 자신감이 없었기 때문이며, 문법 위주의 한국 영어 교육에 대한 근본적인 재고가 필요하다는 제언도 나왔다. 다 맞는 이야기다. 하지만 근본적인 문제를 놓쳤다. 우리 사회가 질문하는 법을 잊어버린 것이다. 물음은 어떤 힘이 있길래?

　첫 번째, 질문은 새로운 발견을 가져온다. 뉴턴은 나무에서 떨어지는 사과를 보고 질문을 던졌다. "왜 땅으로 떨어질까?" 이 질문은 만유인력의 법칙을 발견하는 단초가 되었다. 갈릴레이는 자신이 개량한 망원경을 통해 밤하늘을 관찰하다가 질문을 던졌다. "왜 금성 표면에 그림자가 드리울까?" 이 질문은 지동설을 설명하는 중요한 과학적 증거가 되었다. 오스트리아의 수도사 멘델은 수도원 정원에서 자신이 재배하던 콩에 다양한 형질들이 나타나는 것을 보고 질문을 던졌다. "잡종 형성과 발생에 일반적으로 적용될 수 있는 법칙이 있지 않을까?" 이 질문은 인류에 유전학을 알리는 역사적 물음이 되었다. 영국의 과학자 패러데이는 전류가 흐르는 도선 근처에서 나침반의 자침이 팽그르르~ 도는 것을 발견하고 질문을 던졌다. "전기도 자석과 같은 힘이 있지는 않을까?" 이 질문은 아인슈타인이 '뉴턴 이후 물리학에서 가장 중요한 발견'이라고 칭송했던 전자기유도법칙을 낳았다. 위대한 질문은 이처럼 인간의 생활방식을 완전히 바꾸어 버렸다.

　두 번째, 질문은 상황에 반전을 가져온다. 2016년 8월, 노르웨이 남부의 하르당에르비다 고원에서 수백 마리의 순록이 죽어 널브러져 있는 것을 한 공원 관리인이 발견하고는 경악했다. 이전까지 한 번도 본적이 없는 끔찍하고 처참한 광경이었다. 마치 순록 홀로코스트와도 같았다고 할까? 이렇게 많은 수의 야생 짐승들이 한 장소에서 떼로 죽은 건 기네스북에나 오를 일이었다. 부랴부랴 조사위가 꾸려지고 집단 폐사에 대한 정확한 원인 분석이 이어졌다. 결과가 나오기 전까지 여러 추측들이 난무했다. 누구는 지역 공장에서 무단으로 방류한 폐수 때문이라고 의심했고, 다른 이들은 땅에서 자연적으로 나온 유독가스가 원인이라고 주장했다.

조사위의 잠정적인 결론은 번개였다. 노르웨이의 8월은 불안정한 기류 때문에 번개나 뇌우가 자주 발생하며 때마침 고원에서 어슬렁거리는 순록 무리의 뿔들이 피뢰침과 같은 역할을 했다는 것이다. 이들이 네 다리를 가지고 있기 때문에 땅으로 내려치는 번개에 특히 취약했고, 게다가 개활지를 수백 마리가 집단으로 무리 지어 이동하는 순록의 습성은 이런 개연성을 훨씬 크게 키웠을 것이다. 번개가 강타한 곳으로부터 직경 160~260피트 구역 내에서 네 발을 땅에 디디고 있던 모든 지상동물들은 순간 2만 볼트의 전기에 통구이가 될 수 있었다는 설명이다. 일간지에는 순록의

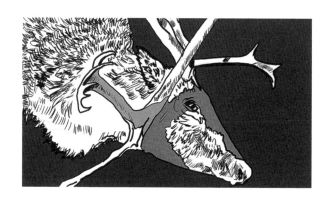

집단 절멸에 산타클로스가 애도를 표하는 카툰이 등장했다.

　문제는 323마리나 되는 순록의 사체들을 치우는 일이었다. 위치가 해발 1,100미터의 높은 고원이라는 점과 야생 툰드라 순록 한 마리의 몸무게가 거의 300킬로그램을 육박한다는 점이 걸림돌로 대두되었다. 사체를 옮기는 것에 연일 언론이 다양한 제안을 쏟아냈다. 헬기로 일일이 한 마리씩 운반해야 한다는 제안부터 현장에서 순록을 해체해서 자루에 담아 내려와야 한다는 주장까지 저마다 다른 입장을 보였다. 사체들을 어떻게 옮길지 고심하던 노르웨이 당국은 학자와 전문가들의 조언을 듣기로 했다. 그들의 문제의식은 매우 단순했다. '왜 우리가 순록을 옮겨야 하지?' 전문가집단 내에서 제기된 이 물음은 문제를 근본적으로 새로운 각도에서 보도록 만들었다. 외부의 인위적인 요인이 아닌 지극히 자연적인 상태에서 일어난 감전사는 그 자체로 하나의 자연 현상으로 봐야 한다는 것이었다. 결국 당국은 사체들을 그냥 현장에 두기로 결정했다. 드라마틱한 터닝이다! 생태계의 복원력을 믿어보기로 한 것이다.

　대번 지역 주민들은 이 결정에 반대하고 나섰다. 한꺼번에 순록의 사체가 썩으면 온갖 벌레들과 쥐들이 창궐해서 인근 국립공원의 환경이 나빠질 것을 우려한 것이다. 실지로 처음에는 사체들이 썩으면서 파리가 들끓고 설치류들이 꼬였다. 여론은 비등해졌다. 하지만 과학자들은 좀 더 시간을 갖고 자연적인 해체와 재생이라는 사이클이 북극 툰드라 생태계를 어떻게 바꿀 수 있을지 주목하기로 했다. 그들은 고원에 방치된 썩은 사체로 몰려드는 야생동물과 맹금류들을 카메라 트랩으로 담고, 파리와 쥐의 개체수를 기록하고 관찰했다. 그렇게 3년의 시간이 흘렀다.

결과는 놀라웠다. 323마리의 순록 사체가 있던 주변에는 고산 툰드라에서 자라는 까마귀베리 군락지만 형성되었을 뿐 생태계는 사건 이전으로 돌아갔다. 아니 이전보다 훨씬 풍부한 먹이사슬을 형성하고 있었다. 사체에 파리와 쥐들이 꼬이면서 이들을 잡아먹는 피펫 같은 작은 짐승들이 오고, 또 이들을 사냥하는 독수리들이 오면서 더 다양한 동식물들이 혜택을 입게 되었다. 위대한 질문 하나가 생태계가 복원되는 데 결정적인 터닝포인트가 된 것이다.

순록 사체 → (질문) → 방치 → 쥐 → 피펫 → 독수리 → 초원(원상복귀)

세 번째, 질문은 숨겨진 진실을 폭로한다. 「프레시안」에서 과학 전문 기자로 활동했던 강양구는 나라 전체가 황우석 신드롬에 빠져 있을 때 최초로 그의 연구 실적에 의구심을 제기했던 인물이다. 내부자의 양심선언과 황우석 캠프의 자충수도 있었지만, 황우석의 부정직한 실험 관행을 폭로할 수 있었던 결정적인 쐐기는 강양구의 단순한 질문에서 비롯되었다. "한 마리의 복제 동물

을 만드는 데도 수백 개에서 수천 개의 동물 난자가 필요한데, 그보다 훨씬 더 어렵다 여겨진 인간 복제 배아에서 줄기 세포를 뽑아내는 데 고작(?) 수백 개의 난자만 사용했다는 사실이 믿기지 않았다."[2]

이 사소한 물음표 하나가 이후 그를 언론과 대중을 대상으로 다윗과 골리앗의 싸움과 같은 외로운 질주를 하도록 추동했다. 강양구는 과학 지식이 없으면 결코 구별할 수 없는 미묘한 보고서 사진들을 보고 더욱 확신에 찼고, 혈서로 쓴 블랙메일을 받고 신변의 위협까지 느꼈지만 끝까지 질문이 이끄는 대로 고발 기사를 썼다. 이후 결과는 다 알 것이다. 황우석의 모든 업적은 무효화되었고, 얼마 전 법원은 부당하게 받은 연구비를 국가에 다시 반환할 것을 명했다. 이 사건을 통해 시민들은 아무리 좋은 일이라도 그 절차와 과정이 부정직하다면 결과를 의심해야 한다는 교훈을 얻게 되었다. 때로 우직한 질문은 세상과 권력에 의해 가려진 진실을 폭로하고 그 질문을 낳게 한 여실한 상황을 명백히 조명해 준다.

ASK: 질문이 가져오는 결과

1. 질문은 새로운 '발견'을 가져온다.
2. 질문은 상황에 '반전'을 가져온다.
3. 질문은 숨겨진 '진실'을 폭로한다.

---

2 강양구, 『과학의 품격(사이언스북스)』, 30.

미움 받을 용기보다 물어볼 용기가 있어야

카펜터스의 「The End of the World」라는 팝송이 있다. 요즘 신세대들은 한국의 악뮤는 알아도 1970년대 미국의 카펜터스는 아마 금시초문일 것이다. 하지만 흘러간 골든 팝스에 조예가 1도 없는 사람이라도 들으면 기분 좋아지는 카렌 카펜터스의 낭랑한 목소리로 부른 「Top of the World」는 들으면 "아, 그 노래!" 할 것이다. 그만큼 유명한 노래는 아니지만, 나는 카펜터스의 「The End of the World」를 좋아한다. 사랑을 잃은 날 세상이 멈추지 않고 돌아가는 게 의아한 화자가 푸념하듯 던지는 질문들이 그 어떤 철학적 주제보다 나에게 의미심장하게 다가오기 때문이다.

Why does the sun go on shining?(왜 태양은 계속 빛을 비추죠?)

Why does the sea rush to shore?(왜 바다는 계속 파도를 치죠?)

Don't they know it's the end of the world(모르는 걸까요? 세상이 끝났다는 걸)

Cause you don't love me anymore?(당신이 저를 더 이상 사랑하지

않으니까요.)

Why do the birds go on singing?(왜 새들은 계속 지저귀죠?)

Why do the stars glow above?(왜 별들은 하늘에서 빛날까요?)

Don't they know it's the end of the world?(모르는 걸까요? 세상이 끝났다는 걸)

It ended when I lost your love.(내가 당신의 사랑을 잃었을 때 세상은 끝났어요.)

나는 세상의 전부를 다 잃은 것 같은데 왜 태양은 저렇게 빛나고 새들은 지지배배 노래를 부를까? 사랑을 잃은 내 맘은 이리도 아픈데 저들은 무엇이 좋다고 아무 일도 없다는 듯 전과 다름없이 만사태평하게 지내는 걸까? 의문은 시詩를 낳고 노래를 낳고 의미를 낳는다. 벤젠이 화학식을 고민했던 것처럼 고상하고, 테슬라가 최적의 주파수를 찾는 것처럼 우아한 질문이 아니어도 좋다. 일상의 물음과 의문, 질문과 호기심을 되찾자.

메사추세스공대 리더십센터의 할 그레거슨은 '질문 쏟아내기'야말로 혁신적 리더가 문제의 해결책을 찾아내는 최선의 방법이 된다고 조언한다. 그는 30년 동안 전 세계 위대한 리더들이 더 나은 질문, 사고를 계발하고 문제를 전혀 다른 시각에서 볼 수 있도록 돕는 촉매적인 질문을 던지는 데에 예외적일 정도로 뛰어나다는 사실을 발견했다고 말한다. 그는 하버드대학 경영대학원의 클레이튼 크리스텐슨과 브리검영대학의 제프 다이어와 함께 공저한 책『어떤 질문은 당신의 벽을 깬다』에서 기업과 정부, 사회적 기업, 기술 분야에서 가장 커다란 혁신을 일으킨 200명 이상의 리더들과의 인터뷰를 통해 질문하기의 위대함을 입증했다. 여기 책의 내용을 일부 읽어보자.

"첫째, 직장이나 삶에서 더 좋은 답을 구하고 싶다면, 더 좋은 질문을 던져야 한다. 둘째, 더 좋은 질문을 던지고 싶다고 해서 앞으로 찾아올 기회나 희망만 마냥 기다릴 필요는 없다. 질문이 무럭무럭 자라나 스스로 특별한 환경들을 만들어 나갈 수 있기 때문이다. 셋째, 훌륭한 질문을 던지는 사람이라고 해서 애초에 특별하게 태어난 것은 아니다. 우리 모두 모르는 것이 있으면 질문하는 능력을 가지고 있다. 다만 질문 능력을 잘 유지하며 자란 사람이 더 나은 질문을 하는 것뿐이다."[3]

묻는 게 때로 어려울 때가 있다. 남에게 묻는 자신이 왠지 좀 쭈글스럽게 느껴지는 경우가 있기 때문이다. '아, 난 이런 것도 몰라서 지금 묻고 있나?', '이 나이 먹도록 제대로 아는 거 하나 없구나.' 등 자괴감이 들 때도 있다. 하지만 물어볼 용기가 필요하다. 미움을 받아도 좋다. 모르면 모른다고 천연덕스럽게 물어보라. 모르는 건 죄가 아니다. 모르는 체하는 게 죄일 뿐. 델포이 신전에 아로새겨진 소크라테스의 명언을 떠올리자. '너 자신을 알

---

3 할 그레거슨『어떤 질문은 당신의 벽을 깬다(대성코리아)』, 서종민 역, 16~17.

라.' 이 말의 본뜻은 자신이 모른다는 사실을 깨닫고 묻는 자의 자세를 취하라는 것이다. 이를 '무지無知의 지知'라고 한다. 나훈아도 묻는다. "아, 테스형! 사는 게 왜 이래?"

그레거슨은 적절한 질문이야말로 우리가 어떤 문제와 씨름하고 있든 우리를 위기에서 구해 준다고 말한다. 살인자의 기억법도 있다는데, 우리가 일상에서 활용할 수 있는 적절한 질문법은 없을까? 인생의 모든 영역에 걸쳐 새로운 통찰과 긍정적인 행동 변화를 불러일으키는 질문법은 세 가지로 압축된다.

ASK: 창조적인 발상과 사고력 증진을 위한 질문법

1. 뻔한 것을 물어라 — 질문 자체가 중요하니까
2. 생각과 정반대로 물어라 — 맹점을 찾기 위해
3. 스스로에게 되물어라 — 맹점에서 벗어나는 법

첫 번째, 뻔한 것을 물어라. 어린 아이들은 뻔한 것을 질문한다. 누가 보더라도 상식적인 문제를 묻는다. 질문을 그치는 순간 아이의 사고방식은 굳어지기 시작한다. 때로는 옳은 정답correct answer보다 바른 질문right question이 더 중요하다. 답이 없는 질문이라도 모든 의구심은 사고의 계발을 주기 때문이다. '왜 화성으로는 나들이를 가면 안 되는 거지?'라는 일론 머스크의 엉뚱한 질문이 테슬라의 스페이스-X를 낳았다. 질문은 발상을 낳고, 창조를 이끈다. 그러기 위해서는 내 생각이 맞다, 내가 알고 있다는 착각에서 벗어나야 한다. "그건 내가 잘 알고 있어." "야, 내가 그것만 수십 년 해왔는데 모르겠니? 아가리 닥쳐."

정말 그럴까? 누구에게나 맹점blind point은 존재한다. 『블라인드 스팟』의 저자 매들린 반 헤케는 1) 뭘 모르는지 모르고, 2) 전체를 놓치고 부분만 보며, 3) 자신의 결점을 보지 못하기 때문에 모든 사람들에게 맹점이 존재한다고 말한다. 물고기는 물이 있다는 걸 세상에서 가장 늦게 깨닫는다. 물속에 살면서 물이 뭔지 묻지 않기 때문이다. "자신을 보지 못하는 맹점은 우리가 평생 자기 모습을 직접적으로 볼 수 없기 때문에 생긴다. 거울을 통해 보거나 자신의 행동을 기록해 놓은 것을 보지 않는 이상 우리 몸은 눈앞에 두고 볼 수가 없다."[4]

물음은 때로 공동체와 사회를 뒤흔드는 위력을 지녔다. 성역으로 간주되는 문제에 대해 공개적인 물음을 던졌을 때 그 사람은 사회구성원들로부터 삐딱한 반체제 인사나 회색분자로 낙인찍히기 쉽다. 역사적으로 권력자와 위정자는 그의 입을 틀어막기 위해 신변의 위협을 가하고 가족들을 협박하며 잔인한 고문과 회유를 일삼아왔다. 면죄부를 파는 교황권의 정당성에 의문부호를 찍었던

---

4 메들린 반 헤케, 『블라인드 스팟(다산초당)』, 임옥희 역, 131.

마르틴 루터는 교회로부터 공개적인 살해 협박을 받았고, 아프리카에서 공공연히 행해지는 여성할례에 의문부호를 던졌던 소말리아 출신의 모델 와리스 디리는 아직도 무슬림 근본주의자들의 암살 표적이 되고 있다. 물어볼 용기를 가진 사람은 때로 미움 받을 용기까지 가져야 한다. 그들은 공동체 전체가 보지 못하는 집단적 맹점을 찾아낸 전사들이기 때문이다. 그렇다면 어떻게 맹점을 확인할 수 있을까?

두 번째, <u>내 생각과 정반대로 물어라.</u> 하루아침에 청개구리가 되는 것이다. 내 의식 속에 아무런 부대낌이 없었던 문제들을 하루에 하나씩 끄집어내어 '정말 그럴까?' 되물어본다. 대부분 맹점은 내가 자란 성장배경(교육과 경제력 등)과 공동체의 분위기(회사 등), 문화적 환경(한국 등), 사회적 지위(회사원 등)에 의해 고착된다. 내 성별과 종교, 가족과 친구관계, 고향을 바꾸지 않고서는 절대 맹점을 고칠 수도, 확인할 수도 없다. 사실상 이런 것들을 바꾸는 것이 불가능하기 때문에 스스로 맹점을 바라보는 것 자체가 힘들다. 따라서 맹점을 발본拔本하기 위한 질문은 내가 지금까지 늘 그렇다고 믿었던 것들, 안심하고 진리라고 낙착落着시킨 것들에 '근본적인 회의'를 품는 것이어야 한다. 이를 오래 전에 그 누구보다 지독하게 밀고 나갔던 인물이 있다. 바로 프랑스의 철학자 데카르트다. 데카르트는 자신이 보고 믿는 모든 것에 철저한 부정을 통해 새로운 질문을 던졌다. '내가 정말 알고 있는 게 뭘까?' 질문에 터닝을 감행한 셈이다. 그 질문은 위대한 정답을 찾아냈다. '나는 생각한다. 고로 존재한다cogito ergo sum.'

그렇다면 어떻게 맹점에서 벗어날 수 있을까? 세 번째, 항상 스스로에게 되물어라. 자문하기는 매우 중요한 애스킹 전략이기 때문에 다음 장에서 자세하게 다룰 예정이다. 다음 챕터로 바로 가보자.

CHAPTER 11

자문自問과
자문諮問 사이

　혹자는 말한다. 우리는 평소 '선입견'과 '편견'이라는 두 마리의 반려견을 기르고 있다고. 선입견과 편견은 같은 종의 일란성 쌍둥이로 외부인만 보면 사납게 짖어대는 성질 고약한 놈들이다. 특히 모르는 개나 낯선 사람이 자신의 영역에 들어오기라도 하면 그 날은 난리가 난다. 개든 사람이든 일단 처음 보는 것들에는 남에게 질세라 맹렬하게 입질을 해대기 때문에 애초에 단단히 목줄을 묶어두지 않은 날에는 아찔한 일도 가끔 일어난다. 놈들은 둘끼리도 사이가 좋지 않다. 서열 정리가 되지 않아 누가 먼저 사료를 먹는지를 두고도 한바탕 물고 뜯고 전쟁을 치른다. 선입견은 편견의 꼬리를 물고, 편견은 선입견의 다리를 문다. 견주가 달려들어 둘을 갈라놓기 전까지는 누구 하나 피를 봐야 직성이 풀린다.

하지만 아무리 사나운 선입견과 편견이라도 맥을 못 추는 개가 있다. 이 개들이 옆집에 이사를 온다. 바로 '일가견'과 '식견'이다. 유명하다는 개훈련소 프로그램으로도 고쳐지지 않던 선입견과 편견의 몹쓸 버릇이 동네 애견카페에서 이들을 우연히 만나면서 하루아침에 싹 교정되자, 견주는 두 손 번쩍 들고 할렐루야를 외쳤다. 선입견과 편견은 길에서 일가견과 식견을 만나면 바로 꼬리를 내리고 물러선다. 어떨 때는 오줌을 지리거나 항복의 의미로 아예 배를 뒤집고 벌렁 누워버린다. 이렇게 일가견과 식견은 그간 난맥상을 보이던 동네 개들의 서열을 깔끔히 정리하면서 골목의 평화를 다시 가져온다.

이전까지 견주는 무책임하게 목줄도 하지 않고 선입견과 편견을 산책시켜왔다. 법적으로 입마개와 리드줄을 반드시 채워야 하는 맹견들이었지만, 무슨 자신감인지 견주는 이들을 방치했다. 말이나 못 하면 밉지나 않지. 깜짝 놀라며 뒷걸음질 치는 동네 사람들에게는 실실 웃으며 "우리 개는 안 물어요."를 남발했다. 이런 와중에 일가견과 식견 가정이 옆집으로 이사를 온 것이다. 일가견과 식견의 견주는 산책 시에 꼭 목줄을 채웠으며 동네 사람들에게 피해를 주지도 않았다. 처음 보는 것도 일단 노즈워킹과 관찰로 탐색하려는 기특한 자세를 가졌다. 일가견과 식견의 견주는 산책할 때 흥겨운 콧노래를 부른다.

우리 삶에 선입견과 편견을 다스릴 일가견과 식견이 있는가?

우리가 해야 할 두 번째 애스킹이다. 아인슈타인은 "선입견을 깨는 것보다 원자를 깨는 게 훨씬 쉬울 때 세상은 얼마나 슬픈가."라고 말했다. 그만큼 단단한 껍질을 가진 게 편견이다. 어디서 읽은 건데, 하루는 지하철을 타고 가는데 누군가 뒤에서 "하악 하악~"하길래 깜놀해서 '어떤 미친 변태새끼가 있나?' 하고 매서운 눈으로 뒤를 돌아봤더니 한 여드름 난 고도근시 남학생이 입김을 불며 자신의 안경을 닦고 있는 중이었다고…. 때로 문제는 상대방이 아니라 내 머릿속이 아닐까? 주변이 아니라 내 뇌피셜을 먼저 점검해야 할 때다. 어떻게 하면 폭주하는 선입견과 편견에 재갈을 물릴 수 있을까?

여시아문如是我聞一들음과 물음

 뜬금없이 개 이야기를 해서 죄송하다. 오늘날 반려인 천만 시대라고 하는데, 독자들 중에 개를 사랑하시는 반려인들이 괜히 내 표현에 마음 상했을까 미안하다. 어쩌면 선입견과 편견을 개에 비유하는 것조차 또 다른 편견일지 모른다. 우리는 모든 저열하고 나쁜 상태에 '개'를 붙이는 데 익숙하다. 빛 좋은 개살구, 개복숭아, 개똥쑥, 개미나리, 개떡, 개망나니, 개차반, 개××(자체 검열!). 조금이라도 힘들면 '개고생'이고, 조금이라도 오버하면 '개지랄'이다. 상대가 조금만 이상해도 '개드립'이고, 조금만 멋있어도 '개간지'다. 트러블이 일어나면 형용사 앞에 '이런 개 같은….'만 붙여도 상황종료다. 한국인들은 개한테 미안해해야 한다.

 영어로 선입견은 프레주디스prejudice, 편견은 바이아스bias라고 한다. 내가 직접 경험하기 전에 미리pre- 판단judice을 내린 게 선입견先入見이라면, 기울어진bia 시각을 가진 게 편견偏見이다. 선입견과 편견은 트레이닝시켜야 한다. 시몬 드 보부아르는 "의심의 여지없이 편견에서 완전히 자유로운 마음을 가지고 인간의 문제에 접근하는 건 불가능하다."라고 말했다. 연인이었던 사르트르와 계약 결혼을 하며 살았던 그녀가 평생 겪었을 주변의 편견들을 생각해보면 그리 과한 말이 아닌 듯 싶다. 선입견과 편견을 우리 뇌에서 완전히 내쫓지는 못하더라도 잠시 목줄에 입마개를 할 수 있는 건 가능하지 않을까?

그러려면 물어야 한다. 괜히 개의 꼬랑지를 물지biting 말고 질문을 물어라asking. 누구에게 물을까? 자문自問은 자문諮問과 다르다. 자신에게 묻는 자문이 남에게 묻는 자문에 선행한다. 역순은 없다. 스스로에게 물음을 물을 수 있는 사람이 남에게도 물음을 물을 수 있기 때문이다. 어떻게 자문할 수 있을까? 스스로에게 묻는 것도 방법이 따로 있다. 첫 번째, 자신에게 솔직히 물어라. 자신에게 솔직하지 못하면 남에게도 솔직할 수 없다. 도스토예프스키는 "자신에게 거짓말하는 것이 남에게 거짓말하는 것보다 훨씬 깊숙이 뿌리내린다."고 말했다.

예를 들어보자. 이런 질문 어떨까? "나 같은 지잡대 출신이 성공할 수 있을까?" "나 같은 고졸이 대기업에 취직할 수 있을까?" 2030 직장인 혹은 취준생들이 스스로에게 던지는 대표적인 질문이다. 그 어떤 짓을 해도 학벌 콤플렉스는 사라지지 않는다. 돈으로 멍든 가슴은 돈으로 위로하는 수밖에 없듯, 미천한 학벌에서 오는 콤플렉스 역시 학벌에서 커버하는 수밖에 없다. 문제는 학벌 콤플렉스를 극복하기 위해 들이는 시간과 돈이 그만한 가치가 있느지 자문하는 일이다. 질문은 꼬리에 꼬리를 물고 나아간다. '나에게 학벌이 중요할까?' '2년에서 3년 이상 돌아갈 만큼, 2천만 원에서 3천만 원 이상 투자할 만큼 학벌이 가치 있을까?'

솔직히 난 그리 공부를 잘하는 우등생도 아니었고, 좋은 대학도 나오지 못했다. 진로와 적성도 따지지 않고 아무 생각 없이 건축학과를 1년 다니다가 군대 갔다 오고 뜻한 바가 있어 아예 수능을 다시 치고 다른 대학 경영학과로 재입학했다. 대학을 졸업하고 다른 대학을 편입할 수도 있었고, 대학원을 들어갈 수도 있었다. 고민이 없었다면 거짓말이다. 지독한 학벌 사회인 우리나라에서 무슨 일을 하더라도 대학 졸업장이 끝까지 발목을 잡을 거라고 겁을 주던 선배도 있었다. 하지만 내 고민은 길지 않았다.

이렇게 내 안에서 정리가 된 문제들은 더 이상 나를 흔들어 놓을 수 없는 고민들로 처리된다. Del키를 누르거나 데스크탑 휴지통에 버리는 것과 같다. 물론 이건 전적으로 내 관점이다. 여러분들이 이러한 내 관점에 꼭 동의할 필요도 없다. 학벌 콤플렉스가 있다면 스스로에게 솔직해져라. 학벌 콤플렉스는 결코 나쁜 게 아니다. 다만 어떻게 해결할 수 있는지 자문하라! 나에게 정말 학벌이 필요한지…. 자문하지 않고 마음 한쪽에 구겨놓은 생각들은 마치 좀비처럼 인생의 고비마다 끊임없이 튀어나와 나를 괴롭힌다.

두 번째, 남에게 물어라. 조언과 충고를 들어야 한다. 물론 똑똑하고 경험이 많은 친구들은 스스로 답을 찾는 경우도 있지만,

나를 비롯한 대부분의 평범한 사람들에게는 조언자가 필요하다. 조언자를 구하는 법은 다음 챕터에서 다시 다루겠지만, 괜히 엄한 사람 붙들고 질문 세례를 하지 말고 답을 해줄 수 있는 깜냥이 되는 사람을 골라라. 내가 고민하는 문제에 전문가나 관련업종 종사자라면 더 없이 좋겠지만, 반드시 인생의 모든 답을 구하는 데 전문적인 시각을 가질 필요는 없다. 이렇게 조언을 구하고 자문을 얻는 대상을 찾는 행위를 타깃팅targeting이라 한다.

세 번째, 자문과 자문을 조합하라. 이 과정이 제일 중요하다. 내가 고민한 답과 조언자나 멘토가 던져준 답 사이에서 내가 어떤 결정을 내리는지 판단하는 건 상당한 멘탈 에너지를 필요로 하기 때문이다. 내 생각만 고집하면 외골수가 되기 쉽고, 상대방의 조언만 맹종하면 팔랑귀가 되기 쉽다. 상대의 조언에 비추어 내 생각을 정리, 절충하거나, 확신을 갖는 자세가 무난하다. 결국 자문과 자문 사이 어딘가에 내 판단이 위치한다.

책을 읽다가 흥미로운 글을 본 적이 있다. 석가모니가 죽고 그의 제자들은 스승의 가르침을 경전으로 남기기 위해 모임을 가졌다고 한다. 석가의 제자 아난다가 먼저 스승이 생전에 했던 말씀들을 기억하여 암송했다. 그런데 그 암송 과정 중 첫 머리마다 항상 '여시아문'이라는 말을 달았다고 한다. 이 여시아문如是我聞을 우리말로 옮기면, "나는 이런 식으로 들었다."쯤 될 것이다. 많은 제자들이 스승의 말씀을 들었고 붓다가 별다른 저술을 남기지 않았

ASK: 정답은 자문과 자문 사이 어딘가에

자문/나에게 묻기	정답	자문/남에게 묻기
잘못하면 외골수 주관적 판단 본능, 욕구에 충실 솔직한 태도가 필요	여기 어딘가에 있음	잘못하면 팔랑귀 객관적 판단 평가, 관계에 충실 수용적 태도가 필요

기 때문에(왜 다들 이렇게 글을 남기지 않았는지!ㅜㅜ), 오로지 그들은 기억에 의존해서 붓다의 말씀들을 정리해야 했다.

문제는 사람의 기억력은 정확하지 않다는 데에 있다. 누구는 이렇게 들었고, 또 누구는 저렇게 들었고 사건과 시간에 따라 중구난방 제각각이었다. 게다가 시간이 흐르면서 기억은 다른 기억이나 해석에 의해 오염되고 간섭 받았다. 똑같은 말이라도 듣는 사람들의 입장과 생각, 상황에 따라 전혀 다른 의미가 되어 들렸다. 이에 석가의 제자들은 한 장소에서 다 모여 스승이 살아생전

에 했던 말씀들을 떠올려보고 보다 정확한 어록을 만들고자 했다. 이때 사용되었던 방식이 바로 여시아문이다. 묻는 건 듣는 행동을 포함한다. 내면의 소리도 들어야 하며, 상대방의 조언도 들어야 한다. 자문과 자문을 조합하는 과정에서 둘을 통합하는 여시아문의 자세가 필요하다. 조언을 구하는 것은 내가 이렇게 들었다는 것이며, 이는 내 입장에서 내 생각과 상대의 조언을 통합시켰다는 선언이기 때문이다. 여시아문, 정말 멋진 말이다!

물어보는 건 나약한 행동이 아니다. 내가 남보다 쫄리거나 덜 떨어졌거나 무식한 건 더욱 아니다. 물어본다고 내 자존심이 추락하거나 괜히 불이익을 당하는 게 아니다. 모르는데도 아는 것처럼 가만히 있는 게 더욱 자존심 상하는 일이다. 나는 누구와도 대화 중에 모르는 주제나 이야기가 나왔을 때 고개를 끄덕이며 아는 체 하지 않으려고 한다. 괜히 모르는데 아는 것처럼 연막을 쳤다가 나중에 뽀록나면 더 창피할 뿐이다. 몰랐다면 이제라도 물어서 알면 되지 않는가? 내가 사수의 설명을 듣고 이해하지 못했다면 모르겠다고 되묻자. 회사 생활 좀 편하게 해보겠다고 괜히 눈치 보며 예스로 눙치면 나중에 감당이 안 된다.

ASK: 질문하고 듣고 답을 찾아나가기

---

1. 먼저 나에게 물어라.
2. 모르면 남에게 물어라.
3. 여시아문 ─ 그 둘을 통합하라.

하지만 물음에 그쳐서도 안 된다. 남의 말을 내 입장에서 반성하는 작업이 따라야 한다. 너무 믿으면 이아고의 계략에 말려든 오셀로처럼 자신의 확신에 점차 둔감해지기 때문이다. 오셀로는 이아고의 말을 너무 믿었다. 아이고의 발언은 오셀로의 의식에 일대 파문을 일으킨다. 팔랑귀가 작동한 것이다. 자신의 아내 데스데모나가 바람을 피우고 있을 거라고 의구심은 이전까지 오셀로의 의식 속에 단 한 번도 자리 잡은 적이 없었다. 명심하라. 답은 자문自問과 자문諮問 사이 어디엔가 있다는 것을….

LIP이 RIP이 되어서야

혀에 대한 유명한 이야기가 유태인의 『탈무드』에 등장한다. 하루는 랍비가 하인에게 시장에 가서 가장 맛있는 음식을 사오라고 시켰다. 그랬더니 하인은 대뜸 소의 혀를 사왔다. '오호라. 특수 부위 중에 최고급 요리로 치는 우설牛舌을 사오다니 이 녀석 가만 봤더니 미식 쪽으로 남다른 조예가 있구나!' 랍비는 참숯에 구워서 맛있게 먹었다. 며칠 뒤 랍비는 다시 그 하인을 불러 이번에는 가장 싼 음식을 사오라고 명했다. 그런데 하인은 이번에도 혀를 사온 것이다. 이쯤 되면 주인은 하인을 '우설성애자牛舌性愛者'쯤으로 여길 만하다. 연달아 똑같은 식재료를 사오자 조금 언짢아진 랍비는 그 까닭을 물었다. "네 이놈! 넌 허구한 날 혓바닥 밖에 모르느냐? 저번에도 혀를 사오더니 오늘도 똑같은 걸 사오면 어쩌란 말이냐?" 그러자 하인은 랍비에게 이렇게 대답했다고 한다. "어르신, 좋은 것으로 치면 혀만큼 좋은 게 없고 나쁜 것으로 쳐도 혀만큼 나쁜 게 없기 때문입니다요."

'말로 천냥 빚을 갚는다.'는 옛말이 있다. 『탈무드』에도 비슷한 말이 있다. '물고기는 항상 입으로 낚인다. 인간도 역시 입으로 걸린다.' 때와 장소에 맞는 적절한 언어를 구사하는 법 역시 우리가 일상에서 반드시 구해야 하는 기술이다. 트릿이라는 대장정의 등허리에 해당하는 애스크는 실질적인 삶의 변화를 목표로 한다. 턴이 새로운 도전으로 돌아서는 과단성을 주는 것이라면 애스크는 그 과정에서 필요한 삶의 우선순위를 묻는 것이다. 말은 그 중에서 으뜸으로 중요한 문제다.

철학자 하이데거는 '언어는 존재의 집이다.'라는 명언을 투척했다. 맞는 말이다. 언어가 우리의 사고를 규정하고, 다시 사고가 우리의 존재를 규정하기 때문이다. 언어는 나의 이해가 수행되는 장소이기에 앞서 내가 표현되는 장소다. 근본 없는 말들을 입에 담다 보면 내 존재 자체도 근본 없어진다. 인간은 대치동 은마아파트 같은 공간에 사는 존재가 아니라 자신이 뱉어놓은 부유하는 말들 속에서 갇혀 사는 존재다. 은마아파트야 겉으로는 낡고 부서지고 볼품없어도 일단 재건축 올라가면 피 얹어서 수십 억대의 가격으로 거래되기라도 하지, 더러운 입을 달고 사는 사람은 제아무리 삐까번쩍 가꾸고 단장해도 서푼어치 노름꾼의 투전投錢에도 쓰이지 못할 존재로 떨어진다. 말이 씨가 되고, 발 없는 말이 천리를, 나쁜 말이 만리를 간다.

제일 날카로운 칼은 인간의 혀다. 세상에는 칼에 맞아 죽는 사람보다 혀에 맞아 죽는 사람이 더 많다. 매에 맞으면 맷자국이 날

뿐 시간이 지나면 아물지만, 혀에 맞으면 영혼이 부서져 나간다. 때에 맞지 않는 말에 영혼까지 탈탈 털리는 경험, 아마 한 번쯤 해보았을 것이다. 때로 내가 피해자도 되지만, 또 때로는 가해자도 된다. 내 입술LIP을 단속하지 않으면 상대방을 영면RIP에 들게 할 수 있다. 립LIP은 적재적소의 언어language in place다. 말이 있어야 할 곳에 있지 않으면, 묘비명에 립RIP, 즉 '편히 쉬소서rest in peace'를 쓰게 된다. 아가리로 나가리를 만들지 말자.

그렇다면 어떻게 말을 가려 할까? 많은 사람들이 '무엇을 말하는가?'를 두고 고민을 한다. TPO를 말하는 것도 그와 같은 맥락이다. 물론 시간Time과 공간Place, 경우Occasion 모두 중요하다. 하지만 그게 다가 아니다. 내 경험상 사회생활에서 입을 막고 립을 지키는 방법은 따로 있다. 이 방법은 내 삶을 지탱해주는 원칙이 된다. 그 이야기를 잠깐 해보자.

사내에서 시공을 뛰어넘는 안드로메다 화법은 곤란하다. '지금 여기here and now' 내가 숨 쉬고 있는 시간과 공간에서 대화가 놀아야 한다. 하지만 여기서도 주의해야 할 게 있다. 첫 번째, '무엇을 말하는가?'만큼이나 '왜 말하는가?'도 중요하다는 사실을 명심해야 한다. 사연이 없는 말은 삼가자. 볼테르는 '사람들은 할 말이 없으면 욕을 하기 시작한다.'고 말했다. 입이 근질거린다고 아무짝에 쓸모없는 말들을 입 밖으로 내지 않는다. 말이 튀어나올 때에는 '내가 이 말을 왜 하지?'라고 자문하자. 무엇what보다 왜why를 떠올리면 다음 세 가지로 정리된다. 1) 사실을 전달하는가? 2) 의견을 전달하는가? 3) 이도저도 아닌 그냥 던지는 말인가? 내 입에서 절대 나오면 안 되는 일은 3)번이다. 1)번과 2)번을 구분하는 것도 매우 중요하다.

사실fact과 의견opinion은 전혀 다르다. 있는 그대로의 상황이 사실이라면, 의견은 그 사실에 대한 내 감정과 느낌 따위를 표현한 생각이다. 『비폭력대화』에서 마셜 로젠버그는 이를 '평가'와 '관찰'을 구분하는 것으로 설명하고 있다. "비폭력대화의 첫 번째 요소는 평가와 관찰을 분리하는 것이다. 우리 삶에 영향을 미치는 것을 보고 듣고 접촉할 때 그것들을 평가와 섞지 않으면서 명확하게 관찰하는 것이 필요하다. (…) 완전히 객관적이 되어 전혀 평가를 하지 말라는 것은 아니다. 다만 관찰과 평가를 분리하라는 것이다."[5]

두 번째, '무엇을 말하는가?'만큼이나 '어떻게 말하는가?'도 중요하다. 사실 둘은 전혀 다르다. 말에도 얼굴 표정처럼 정서와 느낌이 담겨 있다. 말은 '아' 다르고 '어' 다른 법이다. 아무

5　마셜 로젠버그, 『비폭력대화(한국 NVC센터)』, 캐서린 한 역, 53.

리 상대방을 칭찬해줘도 말끝에 화기火氣와 노기怒氣가 가득 서려 있다면 듣는 이의 마음에 생채기를 남길 수 있다. 같은 정보를 전달하는 문장 중에도 뉘앙스nuance가 다르면 전혀 다른 의미가 된다. 하루 종일 늘어지게 잠만 자면서 방바닥만 벅벅 긁고 있는 아들에게 엄마가 던지는 "잘 한다."와 피아노를 똥똥거리며 치는 두 살배기 아들을 보고 엄마가 던지는 "잘 한다."는 전혀 다르다. 잘못 전달된 뉘앙스는 관계에 해nuisance를 준다.

ASK: 어감 전달하기

무엇을 말하는가	어떻게 말하는가
사실(fact)과 정보 전달	어감(feeling)과 기분 전달
이성적 언어	감성적 언어
문장 중심 언어	맥락 중심 언어
표면적 의미	심층적 의미
what to say	how to say it

UCLA대학의 심리학과 교수인 앨버트 메라비언은 대화에서 표면적인 말보다 숨어있는 정보가 더 중요하다고 말했다. 그는 입을 통해 전달되는 의미는 고작 7퍼센트 밖에 되지 않으며, 93퍼센트가 시각이나 청각과 같은 '말로 되어 있지 않은 요소'가 나머지를 채운다고 주장했다. 표정과 손동작 같은 제스처가 55퍼센트, 어조나 음색 등 청각적 요소가 38퍼센트를 차지한다는 것이다. 드러난 말보다 숨어있는 맥락이 대화에서 왜 중요한지 알 수 있는 대목이다. 특히 남자와 달리 여자들은 이중언어를 쓰는 데 도사들이

기 때문에 어감과 맥락에 주의해야 한다. 마셜 로젠버그의 유명한 책 『비폭력대화』를 한 번 읽어보라. 그녀가 제안한 방법 중에 유익하고 흥미로운 것들이 많지만, 나는 말을 바꾸는 것만으로 감정이 매우 달라질 수 있다는 사실을 배웠다.

세 번째, '무엇을 말하는가?'만큼이나 '무엇을 말하지 않는가?'도 중요하다. 박찬욱 감독의 「올드보이」는 한 사람의 말실수가 두 남자에게 얼마나 커다란 파장을 일으켰는지 보여준다. 15년 간 같은 공간에 갇혀 똑같은 중국집 군만두를 씹으며 복수의 칼날을 갈았던 최민식은 영화 말미에서 자신이 피해자가 아니라 학창시절 혓바닥 한 번 잘못 놀린 나머지 친구의 누나를 자살로 몰아간 가해자였다는 사실을 깨닫고는 혓바닥을 끊어낸다. 무심결에 내뱉은 말 한 마디가 애먼 사람을 죽이고 또 한 사람에게 평생 지워지지 않을 깊은 트라우마를 남길 만큼 말의 힘은 크다. 내 생각을 커다란 피칸파이라고 가정하고, 말할 때는 머릿속에 언제나 그 파이를 16조각으로 나누어 그 중에 2~3개만 상대방에게 준다고 생각하자. 이 방법 꽤나 쓸모 있다. 허투루 말을 던지는 습관을 상당히 없앨 수 있다.

ASK: 쓸데없는 말실수를 줄이는 방법

1. '무엇을 말하는가?'만큼 '왜 말하는가?'를 신경 써라.
2. '무엇을 말하는가?'만큼 '어떻게 말하는가?'도 신경 써라.
3. '무엇을 말하는가?'만큼 '무엇을 말하지 않는가?'도 신경 써라.

CHAPTER 12
구하라, 그러면 찾을 것이요
─인생의 버킷리스트를 작성하라

몇 년 전 잭 니콜슨과 모건 프리먼이 주연한 영화 「버킷리스트」를 흥미롭게 봤다. 하루는 자동차 정비공이었던 프리먼이 불치병에 걸려 병원에 입원하게 된다. 공교롭게 그 병원의 오너인 니콜슨 역시 비슷한 시기에 같은 병실에 있게 된다. 안하무인에 남부럽지 않게 살던 갑부 니콜슨은 낯선 사람과 함께 병실을 쓰는 것이 영 불편해 1인실을 강력히 요구했지만, 병원은 스파가 아니라며 2인1실 원칙을 고집했던 자충수에 도리어 자신이 걸려들고만 것이다. 하지만 비슷한 연배의 서로 다른 삶의 배경을 가졌던 둘은 금세 친구가 되었고, 프리먼의 버킷리스트를 우연히 본 니콜슨은 자신과 하나씩 실천해보자고 제안하기에 이른다.

장엄한 광경 보기, 모르는 사람 도와주기처럼 진지하고 철학적인 소망만을 나열했던 프리먼의 버킷리스트에 심심했는지 니콜 슨은 항목에 세계일주와 스카이다이빙 같은 스릴 만점의 모험들을 추가한다. 한동안 앙숙처럼 티격태격하던 둘은 언제 그랬냐는 듯 함께 카레이싱을 즐기고 히말라야와 홍콩 여행을 다닌다. 아름다운 여인과 키스하기, 오토바이로 중국의 만리장성 질주하기, 세렝게티에서 사자 사냥하기 등 황당하기까지 한 목표들을 세워놓고 둘은 하나씩 실천하며 리스트를 지워간다. 그러면서 둘은 삶과 죽음의 의미를 진지하게 논의하기도 하고 인생에서 중요한 가치는 그리 멀리 있지 않다는 진리를 깨닫는다.

버킷리스트라는 말은 어디에서 유래한 걸까? 영어에는 '킥 더 버킷kick the bucket'이라는 말이 있다. 자살할 때 문설주에 로프를 묶고 보통 엎어놓은 버킷 위로 올라가 매듭에 목을 매는 것에서 나온 표현이다. 자연스럽게 이 표현은 '죽다', '세상과 이별하다'라는 의미를 갖게 되었고, 버킷리스트는 죽기 전 자신의 삶을 돌아보며 인생을 정리하는 목록이 되었다. 나는 영화 「버킷리스트」를 보면서 궁극적으로 인생은 길을 묻고 찾는 과정의 연속이 아닐까 하는 생각이 들었다. 삶은 요상한 것이어서 우리가 질문을 던지기 전까지는 아무런 해답도 던져주지 않는다. ATM기를 아무리 쓰다듬고 흔들어도 1원 한 장 뱉어내지 않는다. 내가 그 안에 내 정보가 들어가 있는 카드를 넣을 때에만, 화면에 원하는 금액을 요구할 때에만, 그리고 나만 알고 있는 네 자리 비번을 찍을 때

에만 돈을 내놓는다. 인생도 마찬가지 아닐까? 결국 길을 구하고
찾는 사람, 인생의 목적을 묻는 사람, 삶의 가치를 음미하는 사람
에게 신은 그에 합당한 답을 준다.

진정한 멘토를 찾아서

「크림슨 타이드」, 「말콤 엑스」 등으로 유명한 할리우드 명배우 덴젤 워싱턴이 한 번은 이런 말을 했다. "성공한 개인을 내게 보여주면 그의 삶에 진정 긍정적인 영향력을 주었던 사람을 당신에게 보여주겠다. 당신의 직업 따윈 상관없다. 만약 일을 잘 하고 있다면 당신을 격려하고 길을 보여주는 누군가가 있었다고 확신한다. 바로 멘토라는 존재다." 세상에 독불장군은 없다. 모든 걸 내 손으로 일군 것처럼 떠벌리는 사람도 뒤에 숨은 조력자가 있다.

스펜서 존슨의 『멘토』는 인생의 스승이 멀리 있지 않다고 말한다. 멘토란 바깥 어딘가에 있는 스승이 아니라 내 안에 있는 사람이다. 그는 매일 1분을 투자해서 목표를 세우고 자기 자신을 칭찬하며 스스로 성찰하여 문제를 수정하는 과정에서 내면의 멘토를 발견할 수 있다고 조언한다. "자신의 삶 속에서 그토록 찾아 헤매던 진정한 자신의 길은 이런 원칙들을 실천해 나가는 과정을 통해 내가 내 자신의 진정한 멘토가 될 때 비로소 도달할 수 있는 것이 아니던가!"[6]

첫 번째, <u>주변에서 멘토를 찾아라.</u> 멘토는 현해탄 건너 구만 리 밖에 있지 않다. 첩첩산중 깎아지른 절벽 너머 다 쓰러져 가는 암자에 칩거하고 있지 않다. 바로 내 옆, 내 동료, 나와 관계된 지인이 내 멘토다. 괜히 은둔 고수를 찾아 다니지 마라. 내가 일상에서 만날 수 없는 사람은 아무리 위대한 교훈을 주는 사람이라 해도 멘토가 될 수 없다. 나이와 성별, 직업은 상관없다. 그가 누구든 나에게 긍정적인 희망을 품게 하는 사람은 모두 나의 멘토다.

순전히 앤 해서웨이를 좋아해서 봤던 영화 「인턴」도 어떤 사람을 멘토로 볼 수 있는지 잘 보여주는 사례다. 창업 1년 반 만에 직원 220여 명의 패션회사를 세운 잘 나가는 사업가 앤 해서웨이에게 70대 퇴물(?) 인턴 로버트 드니로가 붙는다. 평균 연령대가 20대 후반에 불과한 젊은이들 사이에서 고작 하루 이틀 버티다 꽁무니 뺄 거라고 여겼던 주변의 예상과 달리, 때로는 복잡한 사내 파워 게임을 누그러뜨리고, 때로는 동료들의 연애 상담을 해주면서 사무실 내에서 금세 핵인싸로 통하게 된다.

눈코 뜰 새 없이 바쁜 여성 CEO 해서웨이는 자신의 일에 대해서는 누구보다 총명했지만, 결혼생활과 사회생활, 인간관계에는 말짱 꽝이었다. 창조와 혁신을 이루는 패기와 열정은 대단하지만, 연륜과 경험에서 나오는 안정감이 부족했던 해서웨이에게 인생

---

6 스펜서 존슨, 『멘토(비즈니스북스)』, 안진환 역, 197.

의 산전수전을 다 겪은 드니로는 아주 실제적인 멘토가 될 수 있었다.

두 번째, <u>입보다 행동을 보고 멘토를 정해라.</u> 시도 때도 없이 명언들을 투척하는 사람도 좋지만, 자신이 말한 것을 지키는 사람을 멘토로 삼아라. 주변에 입이 앞서는 사람들이 얼마나 많은가? 말은 번지르르하면서 행동은 이에 전혀 미치지 못하는 사람, 말로만 설레발치는 사람에게서는 배울 게 없다. 그의 인생을 관찰하고 삶의 자취에서 교훈을 얻어야 한다.

『논어』에 보면, '군자는 말에 도리어 어눌하고 행동은 민첩한 법이다君子欲訥於言而敏於行.'라는 말이 있다. 말을 아끼고 신념을 몸소 보이는 사람이 멘토로 제격이다. 언행일치, 말 잘하는 사람이 행동까지 따라가면 얼마나 좋을까?

세 번째, <u>때로 라이벌도 나에게 멘토가 될 수 있다.</u> 나에게 긍정적인 말만 해주는 사람이 독이 될 수 있다. 때로 앞뒤 안 가리고 돌직구를 날려주는 불알친구가 꽉 막힌 현실을 돌파해 나가는 데 필요한 추진력을 내 안에서 끌어내준다. 립서비스처럼 '예스'만 달고 사는 친구가 어쩌면 더 위험한 존재다. 그의 예스에 내 귀와 눈이 멀기 때문이다. 적과의 동침이 인생의 귀한 전환점이 될 수 있다. 라이벌을 찾아라! 「코만도」의 아놀드 슈왈츠제네거에게는 「람보」의 실베스터 스텔론이 있었다. 나훈아에게는 남진이 있고, 태진아에게는 송대관이 있다. HOT에게는 젝키가 있었고, 임

요환에게는 홍진호가 있었다. 사실 라이벌과 싸우면서 가장 많은 걸 배운다.

ASK: 멘토를 구하는 원칙

1. 주변에서 멘토를 찾아라.
2. 행동이 앞서는 멘토를 찾아라.
3. 때로 라이벌도 멘토가 될 수 있다.

버킷리스트를 써라

버킷리스트와 관련하여 종종 회자되는 사례를 하나 소개할까 한다. 1985년 4월 2일, 미국 프린스턴대학교 고등과학연구소는 코넬대학교 철학과 2학년 학생들을 대상으로 버킷리스트에 관한 흥미로운 실험을 진행했다. 냉전체제 미국 대학생들의 정신문화를 파악하여 국가 정책에 반영한다는 거창한 연구 목적을 밝히며 35명의 대학생들의 버킷리스트를 받은 것이다. 물론 연구 목적은 거짓이었다. 연구소의 진짜 목적은 버킷리스트가 대학생들의 삶에 어떠한 영향을 미치는지 추적 조사를 하려는 것이었다. 당시 철학과 2학년 학생 35명 중, 3명은 수업에 나오지 않았고, 백지로 낸 학생 4명, 시를 적은 학생 2명, 낙서를 한 학생 2명, 소련을 이기는 법을 적은 학생 1명, 버킷리스트 대신 신변잡기적인 글을 쓴 학생이 3명이었다. 진지하게 자신의 버킷리스트를 적은 학생은 고작 17명에 불과했다.

2000년 4월 2일, 프린스턴대학교 고등과학연구소는 15년 만에 과거 연구 파일을 개봉했다. 조사팀은 파일을 바탕으로 1년여에 걸쳐 학적과 명부를 뒤져 설문에 참여했던 학생들을 추적했다. 당시 철학과 학생들 중 32명의 소재를 파악했으며 3명은 이미 사망한 상태였다. 조사팀은 생존한 29명 모두에게 인터뷰를 요청했고, 그중에서 23명이 응했다. "조사 결과는 놀라웠다. 버킷리스트를 성실하게 작성한 사람들이 그렇지 않은 사람들보다 사회적 지위가 높았고, 재산은 평균 2.8배 정도 많았다. 90퍼센트 정도가 현재 삶에 만족한다고 했고, 이혼 경험 없이 행복한 가정생활을 만끽하고 있었다. 미래의 버킷리스트를 세 가지 작성해달라는 요청에도 기꺼이 빠른 속도로 버킷리스트를 작성해 나갔다. 반면 버킷리스트를 작성하지 않았거나 장난으로 적은 사람, 장황한 이야기를 늘어놓은 사람은 80퍼센트 이상이 그런 조사를 했다는 사실조차 기억하지 못했다. 대부분 자신이 기록한 용지를 보고 깜짝 놀랄 정도였다."[7]

버킷리스트를 애들 장난처럼 여겼거나 자신의 삶에 대해 진지하게 접근하지 않은 학생들은 순탄치 않은 삶을 살고 있었다. "자살을 시도한 사람도 3명이나 됐고, 결혼에 실패했거나 가정불화 때문에 별거 중인 사람이 많았다. 사업에 실패했거나 사람들과의 관계 때문에 끊임없이 직장을 바꾼 사람도 있었고, 교도소에 갔다 온 사람도 있었고, 집이 없는 사람도 있었다."[8] 반면 버킷리스트

---

7 유영만, 강창균, 『버킷리스트(한국경제신문)』, 22.
8 앞의 책, 22.

작성에 진지하게 임했던 학생들은 상당수 자신의 삶을 통제하고 각자의 분야에서 왕성한 사회활동을 하고 있어서 좋은 대조를 이뤘다. 그렇다고 그들의 버킷리스트가 남보다 대단하거나 뛰어난 목표를 가지고 있었던 건 아니었다. '정원이 딸린 넓은 집에서 살고 싶다.'거나 '최고급 벤츠를 사고 싶다.' '맛있는 음식을 실컷 먹고 싶다.'와 같은 평범한 것들이 대부분이었다고 한다.

사실 버킷리스트의 완성은 인간관계의 회복에 있다. 1박에 기백만 원 하는 오성급 호텔에 머물고 십수 년 된 보르도 레드 와인을 홀짝거리는 건 혼자서도 얼마든지 할 수 있는 소망이다. 다 제쳐두고 내가 영화 「버킷리스트」에서 가장 감명 깊었던 장면은 니콜슨이 의절했던 자신의 딸과 만나는 장면이었다. 이혼 후 아내와 갈라서며 자연스럽게 멀어진 딸과 재회하는 부분에서 나는 '죽음을 앞두고 무언가 한 것에 대해서가 아니라 무언가 하지 않은 것에 대해서 가장 후회하게 된다.'는 명언이 떠올랐다.

우린 내비게이션이 발달한 시대에 살고 있다. 목적지만 불러주면 지금 내가 오지에 있던, 강남 테헤란로 한복판에 있던 바로 길안내를 시작한다. 도중에 여차해서 길을 잘못 들어도 내비게이션은 궁시렁거리지 않고 바로 수정된 루트를 화면에 띄워준다. 뿐만 아니다. 실시간 도로 교통 상황도 안내해준다. 막히는가 싶으면 "띵동~ 현재 도로 상황을 반영하여 새로운 루트로 안내합니다."라는 나긋나긋한 멘트와 함께 새로운 길을 보여준다. 과속위반카

메라와 CCTV는 어디 있는지, 회전구간과 방지턱은 또 어디에서 나타나는지, 심지어 주변 맛집은 몇 킬로미터 내에 있는지까지 세세하게 알려준다. 정말 요즘 같으면 내비게이션이 없는 세상은 상상할 수도 없을 것 같다.

그런데 최첨단 위성 GPS로 수신되는 내비게이션도 때로 먹통이 되는 경우가 있다. 아무리 비싼 돈을 주고 신형 모델로 갈아 끼워도 이럴 경우에는 뱅글뱅글 돌아가는 루트를 따라가야 한다. 그건 바로 주인이 게을러서 업데이트를 주기적으로 해주지 않을 때다. 전에 없던 지형지물과 도로 확장, 새로 지어진 건물과 신호등, 바뀐 표지판과 카메라 위치 등등 시시각각 변하는 도로 정보가 내비게이션에 장착되지 않으면 내가 아는 빠른 길은 놔두고 멀찌감치 돌아가는 길을 안내할 수밖에 없다. 보통 전에 없던 도로를 달릴 때 내비게이션을 보면 어느덧 내 차는 하늘을 날고 있다.

인생의 내비게이션을 쓰고 있는가? 매번 자동차의 내비게이션에는 행선지를 입력하면서도 내 인생의 내비게이션에서 진정한 목적지는 얼마나 검색해봤는가? 나에게도 일생일대의 중요한 기로에 서서 어느 길이 좋을까 고심했던 때가 있었다. 원하는 대학을 가기 위해 책상에 앉아 숱한 불면의 밤을 지새우며 문제집을 풀던 때, 주간에 일하고 야간에 학교를 다니면서 제발 장학금을 받게 해달라고 간절히 기도했던 때, 인생의 반려자를 만났다는 생각에 늦은 밤 한달음에 달려가 그녀의 집 앞에서 사랑의 세레나

데를 불렀던 때가 주마등처럼 눈앞을 지나간다. 그러나 어느 순간부터 생활의 굴레에 매몰되어 내가 지금 어디로 가고 있는지, 어디까지 왔는지, 앞에 어떤 장애물이 있는지, 공사구간은 아닌지, 속도는 알맞은지 인생 내비게이션을 들여다보지 않는다.

애스크의 세 번째 단계는 인생의 좌표를 잡는 것이다. 인생의 좌표는 '단기적─장기적'이라는 가로축과 '외부적─내부적'이라는 세로축으로 나뉜 사분면으로 표시될 수 있으며, 각 사분면마다 하나의 좌표를 설정할 수 있다. 자세히 말하면, 단기적─외부적 좌표, 단기적─내부적 좌표, 장기적─내부적 좌표, 장기적─외부적 좌표라는 네 가지 좌표가 가능하다. 기간은 좌표를 설정하는 사람 마음이다. 단기를 1개월에서 1년으로 잡을 수 있고, 그보다 더 짧게 6개월 이내로 잡아도 된다. 그에 따라 장기적 설정도 달라질 것이다. 아래는 필자의 개인적인 인생 좌표다. 참고해보고, 책 뒤에 실린 좌표에 나만의 버킷리스트를 써보자.

ASK: 인생의 좌표를 설정하는 버킷리스트

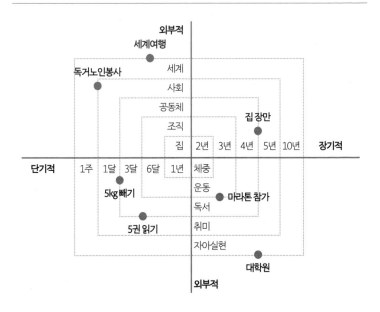

5부 · TRAIN

트릿!
훈련하라

TURN · READ · EARN · ASK · TRAIN

우리가 겪는 거의 모든 고통은 우리의 생각에서 비롯된 산물이다. 우리는 인생의 거의 모든 순간을 생각에 잠기고 그런 생각에 볼모로 잡힌 채 허비한다. 당신이 이 주술을 깰 수 있지만, 그러려면 마치 폭행으로부터 자신을 방어하기 위한 트레이닝training이 필요한 것처럼 반드시 트레이닝을 해야 한다.

• 샘 해리스

CHAPTER 13

관성의 법칙─움직이는 모든 물체가 따르는 법칙

살아생전 유난히 꽃을 좋아하시던 어머님이

하늘 정원에 꽃나무를 심으시나 보다.

자꾸 내 머리카락을 뽑아 가신다.

 고영 시인의 '탈모'라는 시다. 늙는 것은 인간이 맞닥뜨리는 생리현상 중에 가장 비극적인 상황이라고 말했던 어느 작가의 말이 생각난다. 머리카락이 빠지는 것을 이승으로 가신 어머니에 대한 그리움과 연결 지은 시인의 효심으로도 해결할 수 없는 건 노화라는 현실이다. 한두 개 빠지던 모발도 철따라 강아지 털갈이 하듯 이제는 걷잡을 수 없다. 어쩌면 우리는 20대 때부터 서서히 죽음을 향해 달려가고 있는지 모른다. 팽팽하던 얼굴에 잔주름이 패이기 시작하고, 스마트폰의 작은 글씨까지 훤히 보이던 눈은 언제부턴가 침침해지기 시작한다.

노화에도 가속이 붙는다. 이제는 저녁 먹고 강아지 좋이와 동네 한 바퀴 도는 것도 무릎이 아프고 숨이 차서 꼭 한두 번은 벤치에 앉아 쉬어야 한다. 한창일 때에는 소주 두세 병을 마셔도 다음 날 가뿐하게 일어났는데, 30대가 넘어가면서 언제부턴가 하루 종일 자도 숙취가 해소되지 않는다. 요즘엔 불면증도 찾아왔다. 자려고 누워도 한 시간 이상은 뒤척거려야 겨우 선잠이 든다. 단지 노화에만 해당되는 게 아니다. 모든 일상이 관성의 지배를 받는다. 중요한 약속을 해놓고도 깜박 잊는 횟수가 늘더니 최근엔 건망증이 아니라 치매를 의심할 정도로 상황이 악화되었다. 아래로만 가라앉는 이 관성을 빨리 깨고 싶다.

트릿의 다섯 번째 단계는 트레인이다. 태릉선수촌 국대 선수들만 트레이닝이 필요한 게 아니다. 삶의 관성을 지배하려는 모든 이들에게 트레이닝이 필요하다. 그 이야기를 해보자.

관성을 적절히 이용하라

뉴턴은 말했다. 움직이는 물체는 외부에서 힘이 가해지지 않는 한 일정한 속도와 방향으로 계속 움직이는 성질을 갖는다고. 바로 관성의 법칙이다. 타고 가던 버스가 갑자기 급정거를 할 때 몸이 앞으로 쏠리는 건 바로 몸에 관성이 작용했기 때문이다. 관성은 모든 물리계에 작용하는 보편적인 운동 법칙이다. 성층권을 지나 우주까지 바둑돌을 가져가서 손가락으로 톡~하고 튕기면 그 바둑돌은 백돌이든 흑돌이든 큰 돌이든 작은 돌이든 영원히 등속 운동을 하면서 나로부터 멀어질 것이다. 내가 타노스의 핑거스냅을 시전했기 때문이 아니라 우주에 한쪽 방향으로 운동하는 바둑돌에 브레이크를 걸어줄 그 어떤 저항력도 없기 때문이다.

관성이라는 말은 요하네스 케플러가 처음으로 물리학에 가져온 개념이다. 그는 튀코 브라헤의 관측 자료를 넘겨받아 1619년 행성의 타원 운동에 관한 세 가지 위대한 법칙을 발견했다. 관성에 대한 이해가 없었다면 불가능했을 업적이다. 우리의 모든 일상 행동에도 일정한 관성inertia이 작용한다. 인간도 해왔던 것을 계속

해나가려는 성질을 갖는다. 나만 그런 게 아니다. 할리우드 영화 배우인 '더 락' 드웨인 존슨은 이렇게 말했다. "성공은 항상 위대함에 관한 것만은 아니다. 도리어 그것은 꾸준함에 관한 것이다. 꾸준한 노력이 성공을 얻는다. 위대함은 따라올 뿐이다." 지금이야 2미터가 넘는 키에 115킬로그램에 육박하는 체중으로 적들을 맨손으로 때려 부수는 근육맨이지만, 어린 시절에만 하더라도 미국에서 흔히 '불리bully'라고 불리는 괴롭힘을 당했다. 잦은 이사로 늘 새로운 학교에 전학생이 되어 힘 좀 쓴다는 남학생들의 타깃이 된 것이다. 어려서 애들에게 심한 조롱을 당하자 스스로를 지킬 수 있는 힘을 길러야겠다는 결심을 하게 된다. 하루아침에 이루어질 수 없는 목표임에 분명하다. 지금 그의 근육질 체형을 보면 그간 얼마나 눈물겨운 고생을 했을지 짐작이 간다.

인생의 관성을 다스리는 법이 있다. 첫 번째, <u>해오던 걸 계속하는 끈기가 필요하다.</u> 행동이 지속되면 관성이 형성되고, 관성이 지속되면 어느덧 우리 몸에 하나의 습관으로 자리 잡는다. 행동심리학자들은 우리가 일상적으로 하는 행동의 대략 40퍼센트는 습관적인 행동이라고 말한다. 작심삼일이라는 말이 있듯, 좋은 습관을 몸에 붙이는 게 말처럼 그리 쉬운 건 아니다. 『해빗』의 저자 웬디 우드는 의지력에 의존하지 말고 습관에 의존하라고 말한다. 습관이 리추얼ritual, 즉 의례의 단계로 확립될 때까지 관성을 밀어붙여라. "당신이 선택한 리추얼, 즉 반복적인 행동이 무엇이든 간에 거기에는 충분히 납득할 만한 이유가 있을 것이다. 무작위적 패턴이 습관이 되는 이유는 단지 우리가 늘 그렇게 해왔기 때문이다. 바보같이 들릴 수도 있지만 그것이 진실이다. (…) 올바른 습관은 종종 우리가 알지 못하는 사이에 삶의 패턴을 규칙적이고 안정적으로 조율하고 어딘가에 깊이 몰두할 수 있게 도와준다."[1]

두 번째, <u>관성을 방해하는 마찰력을 줄인다.</u> 삶의 관성에는 다른 포뮬라formula가 필요하지 않다. 따라서 진행방향으로 나아가는 내 몸을 자연에 내어 맡기면 그만이다. 문제는 역방향으로 걸리는 마찰력이다. 긍정 방향으로 나아가는 관성을 방해하는 모든 마찰력을 끊어내라. 대표적인 마찰력은 주변의 시선이다. 모처럼 맘 잡고 공부하려는데 친구가 전화로 "야, 아서라. 나와, 술 사줄게."라고 말하며 내 등속운동에 제동을 건다. 평소 술과 사람을 좋아했던 작가 이외수는 집에 틀어박혀 소설을 쓰기 위해 직접 철문을 달아서 자신을 유폐시킨 것으로 유명하다. 수년에 걸쳐 밖으로 나오지 못하게 방안에 교도소를 만들고 밥도 아내가 바깥에서 사식 넣어주듯 받아먹었다고 한다. 그렇게 관성을 방해하는 마찰력을 줄여서

---

1 웬디 우드, 『해빗(다산북스)』, 김윤재 역, 310~311.

베스트셀러 『벽오금학도』가 탄생했다. 인생에서 뭔가 이루려는 사람은 주변의 잡스러운 소음과 만남을 차단할 줄 안다.

세 번째, <u>하는 걸 하도록 하는 것도 관성이지만, 지나간 건 지나가도록 놔두는 것 역시 관성이다.</u> 영국 속담에 '지나간 일은 지나가도록 놔둬라Let bygones be bygones.'라는 말이 있다. '아, 그때 내가 왜 그랬을까?', '내가 미쳤지, 그때 그녀를 잡았어야 했는데.' 등 우리는 과거를 후회하는 데 많은 세월을 허비한다. 그리스의 철학자 에픽테토스는 "인간은 상황 자체가 아니라 그 상황을 바라보는 관점 때문에 고통을 당한다."라고 말했다. 한 일은 한 일대로, 못한 일은 못한 일대로 관성의 법칙에 내어 맡겨라. 과거를 후회하는 것은 망각으로 빠져나가는 기억에 브레이크를 거는 것이다. 과거를 부여잡으므로 시간의 흐름을 역행하는 자는 미래는 커녕 현재도 살 수 없다. 내가 고등학교 다닐 때, 영어 선생님이 가정법을 가르치면서 '해야 했는데….'라는 말은 오로지 인간만이 쓸 수 있다, 동물은 직설법밖에 모른다고 했던 게 기억난다. 인간이 만물의 영장인 이유는 과거를 반추하고 후회할 줄 알기 때문이라고….

TRAIN: 삶의 관성을 이용하는 세 가지 방법

1. 관성을 얻으려면 끈기가 필요하다.
2. 관성을 거스르는 마찰력을 줄인다.
3. 지나간 것은 지나간 대로 놔둔다.

그 가정법을 직설법으로 바꾸자. 비가 추적추적 내리던 시월의 그날, 홍대 뒷골목 펍에서 그녀를 그렇게 놔두고 가선 안 되었는데… 후회되는가? 비틀즈의 흘러간 노래처럼 '렛잇비Let it be!'를, 「겨울왕국」의 엘사처럼 '렛잇고Let it go!'를 외치는 것이다. 내 곁을 스쳐 지나가는 여자는 이제부터 붙잡지 말자. 나를 등지고 등속운동으로 멀어지는 그녀의 뒷모습을 보면서 더 이상 의미 없는 눈물을 흘리지 말자. 내 몸에 남아있는 그녀의 온기가 채 식기 전에 전인권의 노래 한 소절을 샤우팅하자. '지나간 것은 지나간 대로 그런 의미가 있죠. 떠난 이에게 노래하세요. 후회 없이 사랑했노라 말해요.'

모멘텀―가속도의 법칙

　모든 운동에는 모멘텀이 존재한다. 모멘텀momentum은 물건의 가속도, 그러니까 앞으로 움직이는 물체의 탄력을 말한다. 일찍이 뉴턴은 관성의 법칙과 함께 가속도의 법칙을 제안했다. 물체가 움직이는 데 걸린 시간의 변화는 그 물체에 작용하는 힘의 방향으로 일어나며, 힘의 크기에 비례한다는 법칙이다. 물체에 힘을 가하면 그만큼 가속도를 받는다는 말이다. 여기서 뉴턴은 유명한 공식을 내놓는다. 바로 $F=ma$다. '힘(F)은 질량(m)과 가속도(a)에 비례한다.' 언뜻 복잡해 보이지만, 실은 우리 일상 속에서 흔히 경험하는 매우 단순한 법칙이다. 누구든 물체의 무게가 무거우면 방향을 바꾸거나 속도를 줄이는 데 어려움을 겪는다. 이 공식에 따르면, 그만큼 많은 힘이 필요하기 때문이다. 마트에서 무거운 물건이 잔뜩 든 카트를 떠올려보자. 아무것도 들어있지 않은 카트보다 당연히 방향을 바꾸는 데 애를 먹게 된다. 괜히 잘못 조종했다가 모르는 옆 사람 발꿈치를 내 카트로 콱 찍을 수도 있다.

　물체에만 모멘텀이 걸리는 게 아니다. 우리 일상의 일들도 모두 모멘텀의 대상이다. 어떤 일이든 처음부터 의지를 가지고 시작하는 게 어려울 뿐, 일단 시작한 일은 좀처럼 중단되지 않는다. 흔히 '여세를 몰아서 한다.', '물 들어올 때 노 젓는다.'는 말이 바로 모멘텀을 두고 하는 말이다. 일이 잘 되고 있는데 괜히 방향을 틀거나 힘 조절을 해서 추진력을 주변에 빼앗길 필요가 없다. 차갑게 식은 기계를 다시 돌리는 데에는 훨씬 많은 에너지가 소요된다. 하나같이 피박에 광박에 헤매고 있을 때 한 번이라도 더 흔들어야지 쓸데없이 스톱을 외쳐서 판을 싱겁게 끝낼 필요는 없다. 상대방을 그로기 상태까지 몰고 간 권투선수라면 여세를 몰아 상대가 KO될 때까지 앞뒤 가리지 않고 흠씬 두들겨야 승리할 수 있다. 괜히 봐준답시고 허세를 부리거나 여유를 가지다가는 상대가 어이없이 휘두른 카운터펀치에 불의의 일격을 당할 수 있기 때문이다.

인생의 성공을 위해서 좋은 습관의 관성이 필요하다. 트릿의 다섯 번째 단계, 트레인은 자신을 훈련하여 관성의 모멘텀을 살리는 것이다. 성공의 습관을 만들고 그것이 성공의 체인(트레인)이 될 수 있도록, 나아가 선순환의 가치 사슬을 가질 수 있도록, 일정한 궤도 위에 올라설 때까지 꾸준히 습관을 실천해야 한다. 여기에는 재정적 습관도 있지만, 건강을 위해 일상에서 실천할 수 있는 습관들도 포함된다. 초등학교 때 암기한 구구단, 중학교 때 공부한 인수분해가 아직도 기억난다. 제대한지 십여 년이 지났지만 아직도 군에서 왼 복무신조가 생생하다.

TRAIN: 모멘텀의 법칙

$$M = hr$$
여세 = 습관×반복

가속도의 법칙이 F=ma라면, 성공의 법칙은 M=hr이다. 성공으로 나아가는 여세(M)는 좋은 습관(habit)에 반복(repetition)을 곱한 값이다. 습관을 반복할수록 모멘텀은 더욱 거세진다. 습관은 애초에 터닝에서 출발한다. 생각을 심으면 행동을 거두고, 행동을 심으면 습관을 거두고, 습관을 심으면 인격을 거두고, 인격을 심으면 운명을 거둔다. 오늘의 나는 어제의 내가 살았던 결과물이다. 관성은 일상의 무료함에서 시작한다. 관성을 깨는 모멘텀은 일상의 도전에서 얻어진다. 스페인의 철학자 발타자르 그라시안은 이렇게 말했다.

"늘 똑같은 행동 패턴이지 않은가? 가끔씩은 행동에 변화를 줄 필요가 있다. 언제나 단순한 행동만을 반복하는 것은 좋지 않다. 우리를 지켜보는 적들이 단조로운 행동 패턴을 파악하고, 그 허점을 노릴 것이 뻔하니까. 일직선으로 나는 새는 쉽게 총에 맞지만, 곡선을 그리며 나는 새는 맞추기 어렵다. 악의적인 사람들은 세상 구석구석에 숨어 있다. 이들을 피하기 위해 허구한 날 남의 눈을 속일 궁리만 하고 살 수는 없지만, 삶의 재치는 필요하다."[2]

---

2 발타자르 그라시안, 『일직선으로 나는 새는 총에 맞기 딱 좋다(가디언)』, 민경수 역, 28.)

나는 소싯적에 매일 이런 말을 들었다. '일찍 일어나는 새가 벌레를 잡는다.' 그런데 『패러독스 이솝우화』에는 이 속담을 유쾌하게 뒤집는다. '일찍 일어나는 새가 총에 맞는다.' 한 술 더 떠서 박명수는 '일찍 일어나는 새가 피곤하다.'라고 했다. 그런데 발타자르는 일찍 일어나는 새가 아니라 일직선으로 나는 새가 총에 맞는다고 말한다. 미국의 심리학자 크리스토퍼 앤더슨은 '무행동 관성inaction inertia'이라는 개념을 피력했다. "한 번 매력적인 기회를 놓친 사람은 다음 기회가 찾아왔을 때도 행동하지 않을 확률이 높다. 그뿐만이 아니다. 만약 첫 번째 기회에서 얻을 수 있었던 이익보다 두 번째 기회에서 얻을 이익이 적다는 것을 알게 된다면, 두 번째 기회에서 아무것도 하지 않으려는 성향이 더 강해지기 때문이다." 관점의 변화를 주는 것만으로도 무행동 관성을 줄일 수 있다.

TRAIN: 일상의 관성을 모멘텀으로 바꾸기

1. 좋은 습관의 관성을 이용하라.
2. 일상의 도전으로 관성을 깨라.
3. 반복으로 관성을 모멘텀으로 바꿔라.

영화 「트루먼쇼」에서 짐 캐리는 태어날 때부터 거대한 세트장에서 살아가는 신세다. 그가 만나고 이야기 나누는 사람들은 모두 그 역할을 소화하기 위해 훈련된 배우들이며, 그가 겪는 모든 사건들 역시 주도면밀하게 쓰인 각본에 불과하다. 어린 시절 탐구심이 강하여 동네(사실 세트장!)를 벗어나려 부단히 애를 썼지만, 제작진과 PD는 그가 한 공간 안에 머물 수 있도록 비행기 사고에 대한 공포감을 주거나 아버지가 바다에서 목숨을 잃는 사건을 연출해 트루먼에게 '세상 밖은 정말 무서운 곳'이라는 인식을 심어주었다. 그렇게 현실에 안주하며 관성에 빠져 살아갈 때, 매일 동일한 루트에서 동일한 이웃을 만나고, 무대 조명 장치가 하늘에서 떨어지며, 자동차들로 꽉 막힌 도로가 자신의 일거수일투족에 따라 말끔히 비워지는 등 우연치고 너무 앞뒤가 맞는 사건의 개연성에 의구심을 갖게 된 트루먼은 현실의 관성을 벗어나 미지의 세계(사실 트루먼은 잘 모른다!)로 나가려고 발버둥 치고 결국 자신이 세트장에 갇혀 있었다는 사실을 30년 만에 깨닫게 된다. 트루먼은 애스킹을 통해 무행동 관성을 깨고 터닝을 감행한 것이다.

그리고 제일 중요한 것, 일단 좋은 습관의 관성이 만들어졌다면, 지속적인 반복으로 모멘텀을 확보하라. 수타면을 뽑는 중국집 장인을 본 적이 있는가? 장인이 보이는 묘기에 가까운 기술은 한 덩이의 밀가루 반죽을 순식간에 쫄깃쫄깃한 중식면으로 탄생시킨다. 가만히 보면, 그가 하는 자세는 같은 행동의 무한반복이다. 우선 1) 반죽을 밀가루를 뿌린 나무 도마 위에 힘 있게 내려친다. 텅! 2) 그리고는 양쪽 손에 반죽을 걸고 옆으로 쭈욱~ 늘인다. 그리고 3) 늘어난 반죽을 둘로 접는다. 마치 미술시간에 했던 데칼코마니와 같다. 이후로는 이 세 가지 동작의 반복이다. 1)→2)→3)→1)→2)→3)→1)→2)→3) 이렇게 서너 번 왔다 갔다 하면 면이 만들어지고, 완성된 면을 펄펄 끓는 솥단지 안에 투하하면 끝이다.

피트니스센터에서 근력운동을 해본 사람이라면 모멘텀의 중요성을 잘 알 것이다. 운동에 맛을 들이면 주중이고 주말이고 매일같이 덤벨을 들어 올리고 트레드밀 위를 달리는 자신을 발견하게 된다. 처음엔 15킬로그램 꽂고 버터플라이 20회 한 세트를 한두 번 하는 것도 버거웠다면, 꾸준한 반복으로 금세 20킬로그램 꽂고 열 세트 이상 할 수 있게 된다. 내 대흉근과 승모근이 모멘텀을 받게 되면서 자연스럽게 운동의 효율성은 극대화되고 한두 달 만에 운동에 자신감을 얻게 된다. 그러면서 만들어진 멋진 갑빠는 덤이다. 리딩에서 언급했지만, 독서도 마찬가지다. 믿기지 않겠지만, 잠도 자면 늘 듯이 책도 읽으면 는다!

결국 트릿의 다섯 번째 단계 트레이닝은 나에게 긍정적이고 좋은 관성은 그대로, 나에게 부정적이고 나쁜 관성은 끊어내는 훈련을 일상에서 꾸준히 반복하는 것이다. 이제 다음 챕터에서는 삶을 긍정적으로 만들어주는 습관 중에 대표적인 일기 쓰기를 배워볼까 한다.

CHAPTER 14
일기를 써라—삶에서 짧은 문장 하나가 지니는 위력

나는 일기를 쓴다. 나에게 일기는 비브라늄으로 만든 캡틴 아메리카의 방패와 같다. 불우한 가정사를 견디게 해준 힘의 근원이었기 때문이다. 아버지는 가정에 무관심했다. 경제적으로 무능했고 가장으로서 무책임했다. 술을 마시고 들어오시는 날에는 그냥 넘어가는 법이 없었다. 천장이며 벽이며 온통 김칫국물이 튀었고 아버지가 집어던진 가재도구들이 나뒹굴었다. 당시 나의 일기장에는 아버지에 대한 분노와 어느 것 하나 제대로 된 게 없는 가정, 불안하고 암담한 미래에 대한 걱정으로 가득했다. 물론 지금은 그때 아버지에 대해 가졌던 원망을 다 털어냈다. 20여 년이라는 시간이 지나고 나도 역시 가정을 꾸릴 때가 되고 보니 아버지에게 학대받았던 것보다는 효도하지 못했던 것만 생각이 난다.

지금도 그 일기장들을 하나도 빠짐없이 갖고 있다. 낡고 볼품없지만 나에게 보물과 같은 물건이다. 군대에서는 메모를 하는 습관도 들였다. 메모들을 모아 공책에 이어붙이기도 했다. 신기한 건 무슨 뜻인지도 모르고 일기장 한 모서리에 끼적거렸던 낙서 같은 다짐들이 지금 모두 이루어져 있다는 것이다. 일기의 위력이다. 일기 쓰기가 트릿에 들어가는 이유다. 일기日記는 단순한 '날적이'가 아니다. 든든한 인생의 버팀목이다. 모 TV 프로에서 보니 락그룹 부활의 리더 김태원은 자신의 수십 권의 일기들을 보여주더라. 아무리 힘들고 술에 꽐라가 되어도 단 한 줄이라도 일기를 꼭 썼다고 한다. 버틸 힘이 없어 부들부들 떨리는 손으로 갈겨쓴 그 한 줄의 일기는 퍽퍽한 삶을 지탱해준 힘일 것이다. 그가 지금까지 백여 곡이 넘는 주옥같은 작품들을 탄생시킬 수 있었던 저력도 바로 그 일기에서 나온 게 아닐까 예상해본다.

세상에 일기는 단 두 종류 밖에 없다. 나에게 거는 대화로써의 일기, 그리고 세상과 주변에 대한 인상으로써의 일기. 전자는 매우 내밀하고 솔직한 나에 대한 기록이며 후자는 관계를 성찰하고 성장하도록 돕는 거울이다. 전자는 어떤 의미에서 모아 놓으면 한 권의 자서전과 같다고 할 수 있다. 반면 후자는 내 가치관과 세계관을 반영한다. 내가 어떤 사람일까? 그건 내가 생각하는 나와 남이 생각하는 나의 중간 어디쯤 될 것이다. 이쯤에서 두 종류의 일기를 소개하며 일기쓰기를 고찰해 본다.

사무엘 피프스의 일기―관찰에서 얻는 지혜

　영국 해군의 아버지라 불리며 해군성 장관을 역임한 17세기의 대영제국의 관료 사무엘 피프스는 오늘날도 많은 영국인들의 기억 속에 남아 있다. 이는 그가 올리버 크롬웰처럼 혁명으로 역사의 변곡점을 찍은 장본인이거나, 에드워드 제너처럼 종두법을 발견하여 '호환마마'에서 무수한 생명을 구한 위인이기 때문도 아니다. 사람들이 그를 기억하는 건 그가 남긴 천 페이지가 넘는 기념비적인 다이어리, 즉 일기 때문이다. 혹 독자들은 고작 일기냐고 되물을지 모르겠지만, 그의 일기는 『성서』와 제임스 보스웰의 『사무엘 존슨의 일생』 다음으로 오늘날 영국인들의 침실 머리맡을 차지하는 3대 장서로 꼽힌다. 『성서』가 불면증에 시달리는 이들에게 특급 수면제 같은 역할을 해왔다면, 피프스의 일기는 인간의 관음증을 충족시키는 오락용 서적으로 자리 잡아왔다. 언제나 타인의 사생활을 엿보는 짜릿함이야말로 동서고금을 망라하고 참을 수 없는 유혹 아닌가.

　그는 27세가 되던 1660년 1월 1일 새해를 맞아 일기를 쓰기 시작했는데, 그로부터 10년 간 거의 하루도 빠짐없이 자신의 일상을 매우 유려하고 문학적인 필치로 자세히 담았다. 그의 일기는 지인들에 대한 개인적인 평가에서부터 부부 생활, 여성편력, 정치 활동, 고위 공직자로서 들은 온갖 뜬소문까지 17세기 유력 정치가의 사생활과 이면에 감추어진 적나라한 가십거리들을 모은 종합선물세트와 같은, 지금 읽어도 흥미로운 진술들로 가득하다. 특히 역사가들은 피프스의 일기를 역사적으로 매우 가치 있는 사료로 평가하는데, 그의 일기가 1664년 런던 역병과 1666년 대화재를 비롯하여 2차 네덜란드 전쟁 등 당시 영국의 시대상을 알려주는 귀중한 목격자 진술을 담고 있기 때문이다. 그럼에도 처음 그의 일기가 발견되었을 때에는 의미를 알 수 없는 난삽한 부호와 암호들로 인해 아무도 읽을 수 없었다고 한다. 그도 그럴 것이 관리들 사이에서 은밀하게 오갔던 뇌물과 돈봉투 같은, 당시에도 충분히 문제의 소지가 될 만한 이야기들이 실명과 함께 기록되어 있었기 때문이다.

1635년 토머스 셸턴이 개발한 속기법이 그의 대안으로는 안성맞춤이었다. 마치 외계인이 계시를 받고 쓴 낙서처럼 생긴 셸턴의 속기 알파벳은 아이작 뉴턴이나 토머스 제퍼슨도 애용했던 방식이다. 피프스가 속기법으로 쓴 일기는 125만 단어로 그의 장서에 보관된 4절지 6권의 분량이었고, 발견 이후 122년이 지나서 케임브리지대학 연구진이 해독하는 데에만 족히 3년이 넘는 시간이 걸릴 정도로 방대한 내용이었다. 그의 일기는 1669년 어떤 이유에선지 멈췄고 이후 다시는 쓰이지 않았다. 일부 학자들은 그가 노안으로 어두워진 시력을 지키기 위해 밤에 일기를 쓰는 습관을 단념했을 거라고 추측한다(그의 걱정과 달리 그는 이후 34년 동안 멀쩡한 시력을 가지고 살았다.). 아니면 그가 하인을 시켜 구두로 일기를 계속 썼고 프라이버시 때문에 1669년 이후 일기는 폐기했을 거라고 보는 학자들도 있다.

나는 피프스의 일기에서 그의 단단한 자신감을 읽는다. 무엇보다 자신의 주변을 관찰하고 그것을 평가하는 작업은 자신감이 없인 불가능하기 때문이다. 스스로 정신을 챙기고 마음을 무장하지 않으면 외부에서 쏟아져 들어오는 압도적인 정보들에 압사당하기 십상이다. 그의 일기는 우리가 일상에서 관찰력을 통해 어떤 유익을 얻을 수 있는지 몸소 보여준다.

첫째, 그는 일기를 통해 자연스럽게 관찰력을 얻는다. 관찰력은 24시간 같은 시간을 살아도 다른 삶의 질을 얻게 한다. 예를 들어, 같은 길을 걸어도 A는 주변에 흐드러지게 핀 들꽃도 보고 그 위를 어지러이 날고 있는 잠자리 떼도 본다. 반면 B는 A 옆을 함께 걸어가면서도 주변에 별다른 관심을 갖지 않는다. A는 훨씬 풍성하게 삶을 느낄 수 있다. 관찰은 단순히 수동적으로 보는 행동에 그치지 않는다. 관찰은 외부의 사물에 의미를 부여하는 능동적인 작업이다. 관찰은 위대한 영감을 가져다주는 본보기이며, 관찰자와 사물 사이의 관계성을 찾아내주는 확대경이다. 세밀한 관찰력으로 본질을 들여다보는 사람은 남들과 같은 것을 보고도 차이를 금방 캐치해내는 능력을 갖고 있다.

둘째, 피프스는 남들이 뭐라 하건 <u>자신의 관점에서 사물을 관찰한다.</u> 이게 중요하다. 사람들을 관찰하고 그 인상을 정리하는 것은 나만의 관점, 좀 거창하게 말하면, 인생관과 가치관을 정립시켜 준다. 모든 사람들은 같은 사안을 두고 서로 다른 관점을 갖는다. 예를 들어, 알파벳 N이 눈앞에 있다고 해보자. 화학자는 N을 보면서 대번 질소를 떠올릴 것이다. 물리학자는 N을 보면서 아마도 자석의 N극을 떠올릴 것이다. 영문학자는 N을 보면서 명사를 떠올릴 것이다. 반면 경제학자는 N을 보면서 모집단의 개체수를 떠올릴 것이다. 화학자는 N과 함께 수소 H를, 물리학자는 N과 함께 S극을, 영문학자는 N과 함께 동사 V를, 경제학자는 수익에 대한 N분의 1을 떠올린다. 각자의 관점이 같은 사물을 보는 데 얼마나 큰 영향을 미치는지 말해주는 예다.

셋째, 관찰력을 통해 탐구정신을 심어준다. 피프스는 자신의 일기에 아내와 함께 성당에 갔는데 옆에 앉은 여성이 하도 예뻐서 예배 시간에 그 여자만 훔쳐봤다는 내용을 적어두었다. 자세한 묘사와 세심한 관찰력에 혀를 내두를 지경이다. 동시에 해군의 봉급 인상 문제와 당시 정세의 변화, 정치적 이슈들까지 동시대인들의 고루한 생각에 갇혀있지 않고 나름 대담한 제안들을 던지고 있는 건 그가 일기를 통해 한 문제에 대한 탐구정신을 배양했기 때문이다.

TRAIN: 피프스의 일기 쓰기

1. 사람, 사물에 대한 관찰력을 얻는다.
2. 사물에 대한 자신만의 관점을 얻는다.
3. 관찰력을 통해 탐구정신을 심어준다.

안네의 일기—내면을 바라볼 수 있는 용기

피프스의 일기와는 사뭇 다른 일기가 한 권 더 있다. 바로 안네의 일기다. 개인적으로 나는 중학교 때 범우사에서 나온 문고판으로 안네의 일기를 읽었다. 완역본도 아닌 일본에서 나온 책을 간략히 추린 중역본이었지만, 어린 마음에 읽고는 일주일 정도 우울한 나날을 보냈던 것 같다. 이유는 기억나지 않는다. 아마 글에서 감동을 받았다기보다는 순전히 책에 부록처럼 몇 장 붙어있던 창백하고 병약한 그녀의 사진 때문이었을 것이다. 당시 나와 비슷한 연배인 그녀가 암스테르담 뒷골목의 비좁은 은신처에서 '숨죽여' 지내다 어느 날 수용소에 끌려가 소리소문 없이 '숨을 거두어' 버렸다는 사실에 연민 비슷한 감정들을 느꼈던 것 같다. 자신의 운명을 모른 채 환하게 웃고 있는 흑백사진 속 안네의 모습 속에서 안타까움과 모종의 감정이입을 느낀 건 아마도 나만의 경험은 아니었을 것이다.

안네의 일기는 그녀가 은신처에 숨어들기 직전 생일선물로 일기장을 받은 해 6월부터 게슈타포에게 아지트가 발각되는 1944

년 8월까지 약 2년 2개월 동안 쓰였다. 유대인 집안에서 태어난 안네는 히틀러가 이끄는 나치당이 독일을 점령하고 유대인에 대한 박해가 날로 심해지자, 1933년 가족들을 따라 네덜란드 암스테르담으로 이민을 떠난다. 이후 독일이 폴란드와 프랑스를 비롯하여 주변국들을 하나씩 점령해나가자, 안네의 아버지는 네덜란드도 자신과 가족들이 지내기에 안전한 곳이 아님을 직감한다. 그는 겉으로는 이웃들에게 이사를 간다고 소문을 내고는 야심한 밤을 틈타 도시 외곽에 미리 만들어둔 은신처에 다른 유대인 두 가정과 함께 숨어든다. 그 때가 1942년, 안네가 열세 살이었던 해였다. 그때로부터 안네에게 기약 없는 은둔자의 삶이 시작된다.

안네의 일기는 천신만고 끝에 수용소에서 살아 돌아온 그녀의 아버지 오토 프랑크가 그녀의 유품을 정리하다 발견된다. 프랑크 가족의 도주와 은신을 돕던 한 가정이 보관하고 있던 물건들을 그에게 건네주었고, 그 속에 딸의 일기가 있는 걸 알게 된 아버지는 아직 어딘가에서 살아있을지도 모르는 딸의 생사를 확인하기까지 한동안 그 사실을 비밀에 부쳐둔다. 이후 자신의 아내와 안네를 비롯한 두 딸 모두 수용소에서 사망했다는 비보를 듣고 나서야 안네의 일기는 출판되기에 이른다. 비록 사춘기 소녀의 사적인 이야기들과 자신의 내밀한 가족사가 외부로 공개될 위험이 있었지만, 아버지는 딸의 일기가 인류 전체를 위협했던 전체주의의 실상을 알리는 데 필요하다고 판단하여 출판을 강행했다. 안네의 일기는 한 개인의 비뚤어진 신념과 왜곡된 쇼비니즘이 얼마나 많은 무고한 사람들을 잔인하고 비참하게 죽일 수 있는지 보여주는 시금석이 되었다. 유네스코 문화유산으로 지정된 그녀의 일기는 인류의 인간성에 대한 준엄한 경고이자 이 시대의 기념비로 문학사에 우뚝 서 있다.

2018년 5월 16일 AP통신 등에 따르면, 안네프랑크박물관과 네덜란드전쟁연구소 등에 소속된 연구원들은 15일 일기장 중 풀칠된 갈색 종이로 덮인 두 페이지에 적힌 글씨를 판독하는 데 성공했다고 밝혔다. 연구팀은 가려진 페이지 뒤쪽에서 플래시로 역광을 비추고 사진을 찍은 다음 이미지 처리 소프트웨어를 활용해 내부에 적힌 문장을 판독할 수 있었다. 안네는 "이 망친 페이지를 이용해 야한 농담들을 적어보겠다."면서 안쪽 페이지에 매춘과 결혼에 대한 평소 자신의 생각들을 거침없이 적어 놓았다. 이번에 새로 발견된 내용은 안네가 암스테르담의 은신처에 들어간 직후인 1942년 9월 28일 쓰인 것으로 추정된다.

안네가 외부인이 볼 수 없도록 아예 풀을 붙여서 일기의 일부를 은폐하는 방법을 썼다면, 피프스는 앞서 언급했던 것처럼 속기에 사용되는 암호를 가지고 일기를 썼다. 피프스든 안네든 자신의 일기가 주변 사람들, 심지어 가족들에게 들키지 않을까 노심초사했다는 인상을 주기에 충분하다. 나 역시 어렸을 때 내 일기를 남이 볼까봐 책상 서랍을 다 들어내고 그 밑 좁은 공간에 넣어 두었다. 그것도 불안해서 다음에는 아예 경첩이 달린 다이어리를 사다가 자물쇠로 잠가두었던 적도 있다. 그만큼 일기는 개인적이고 내밀한 나에 대한 기록이다.

피프스의 일기는 주변을 관찰하고 그 인상을 적은 기록물이다. 흔히 『대학』은 이념이나 사유가 아닌 실제 사물을 관찰하고 자연의 이치를 연구하는 격물치지格物致知의 가치를 언급했다. 공자왈 맹자왈만 외운다고 세상의 도리를 다 알 수 있는 건 아니다. 스케이팅을 배우려면 적당한 빙질과 스케이트 날의 구조를 아는 데에서 그쳐서는 안 되고 직접 스케이트를 신고 근처 스케이트장으로 가야 한다. 격물치지는 자칫 몽상으로 전락할 수 있는 사고의 한계를 극복하는 데 관찰의 힘을 강조한다. 일기를 쓰면서 눈앞에 물건物을 가까이 놓고格 끝까지 알려는 자세가 필요한 이유다. 반면 안네의 일기는 내면의 일기다. 솔직하고 내밀한 언어로 쓰인 자신의 역사이자 누적된 추억이다.

TRAIN: 두 종류의 일기

피프스의 일기	안네의 일기
관찰	성찰
외부적 인상	내면적 감상
관찰력을 키워줌	사고력을 키워줌
기술적 글쓰기	감상적 글쓰기
사회과학	문학

조지 오웰의 『1984』에는 빅브라더가 감시하는 미래 사회가 그려진다. 의미심장한 건 미래 사회를 지배하는 당이 시민들에게 일기 쓰기를 금한다는 사실이다. 일기를 쓰는 사람은 불손한 사상을 가진 죄로 교화수용소로 보내지거나 총살에 처해진다. 그럼에도 불구하고 주인공 윈스턴은 텔레스크린이 지켜보는 가운데 묵묵히 일기를 쓴다. 어쩌면 이 소설이 그리고 있는 디스토피아의 어느 시점에서는 일기 쓰기가 철저하게 부정당할지 모른다. 그렇게 일기를 놓치면서 자신을 잃어버리고 주변을 잊어가는 게 불행의 씨앗이자 인류의 운명일까?

CHAPTER 15

좋은 습관을 쌓는 것보다
나쁜 습관을 버리는 것

이제 트레인의 마지막 과정으로 왔다. 트릿의 다섯 번째 단계 트레인은 내 몸을 훈련시키는 것을 넘어 내 정신과 일상을 함께 트레이닝시키는 것이다. 우리는 흔히 좋은 습관을 붙이는 데에만 열중한다. 좋은 습관을 익히는 것만큼 힘든 것이 나쁜 습관을 없애는 일이다. 좋은 습관을 몸에 붙이는 것보다 나쁜 습관을 몸에서 털어내는 게 더 중요한 이유다.

TRAIN: 미루기가 모멘텀에 미치는 영향

$$M = \frac{hr}{p}$$

여세=습관×반복/미루기

앞서 모멘텀(M)을 살리는 공식으로 M=hr을 제시했다. 좋은 습관(h)과 반복적 훈련(r)을 통해 일의 모멘텀은 살아난다. 모름지기 일이란 신명나게 운이 달아서 하는 것이다. 그런데 여기에는 우리가 대부분 알고 있는 복병이 숨어 있다. 일의 가속도, 추진력, 성공의 여세를 늦추는 일상의 원칙이 있다. 그것은 뒤로 미루기 procrastination다.

인생도 이케바나처럼

일본에는 이케바나いけばな라고 하는 꽃꽂이 전통이 있다고 한다. 재무 상담을 진행한 고객 중 한 분을 통해서 알게 된 사실인데, 일본의 이케바나는 우리나라의 꽃꽂이와 달리 일부러 꽃을 듬성듬성 배치한다고 한다. 그 이유를 물으니 공간의 여백미와 사물의 균형, 생명의 애환이 느껴지도록 꽃의 대부분을 잘라내고 줄기와 잎 하나만 남겨둔다는 것이다. 그 분의 설명이 너무 인상이 남아 나중에 이케바나 꽃꽂이에 대해 검색해 보았다.

이케바나는 6세기 중국 승려들이 일본에 불교를 가지고 들어오면서 함께 시작되었다고 알려져 있다. 당시 사람들은 특정한 꽃과 나무, 식물이 피고 지는 현상에 종교적 의미를 담았고, 다양한 불교 의례에 꽃을 장식하면서 이케바나를 발전시켰다. 이케바나는 매우 엄격한 형식에 따라 꽃을 꽂아야 했으며, 이 형식에 따라 다양한 유파가 나뉘었다고 한다. 각 유파마다 표방하는 색채와 방식, 예법과 형식이 다르기 때문에 같은 꽃꽂이라도 전혀 다른 풍모를 풍기는 경우가 많다. 그래서 스승과 제자 사이의 도제 관계

를 통해 비밀스럽게 전수되어져 왔는데, 이를 '본가'라는 뜻의 이에모토ぃぇもと라고 한다. 각 유파마다 다른 이에모토를 전수하지만, 수천 개의 유파를 아우르는 공통적인 특징도 있다고 한다. 내 고객의 설명에 따르면, 그것은 바로 무엇을 남길 것인가를 정하는 일이라고 한다. 꽃을 장식하면서 어떤 부분을 남길 것인지 미리 결정하지 않으면 그 이케바나는 엉뚱한 곳으로 나아간다는 것이다.

여기서 먼저 밝혀야겠다. 개인적으로 나는 꽃꽂이를 좋아하지 않는다. 할 줄도 모르고 안목도 없는 문외한이다. 다만 여기서 말하고 싶은 건 우리 삶에서 이케바나 꽃꽂이 같은 과정이 필요하다는 것이다. 내 삶에서 무엇을 남길 것인

가 먼저 물어보자. 내가 소중하게 생각하는 것, 최종적으로 내 인생에 남길 것, 마지막까지 버릴 수 없는 것, 그것을 남겨두고 나머지를 그것에 따라 잘라내고 배치하는 꽃꽂이가 필요하다.

일본의 작가이자 영화감독인 데라야마 슈지가 1967년 자신의 수필집 『책을 버리고 거리로 나가자』에서 이렇게 썼다. "월급을 양복이나 아파트, 식사 등에 일정하게 배분한다면 우리도 금방 '거북이' 무리에 들어가게 된다. 그러지 말고 자기 존재 중 쏟아 부을 만한 가치가 충분하다고 여겨지는 한 점一點을 골라 그곳

에 경제력을 집중시키는 것이다. 아버지는 양복파나 미식가, 스포츠 과오가 같은 젊은이들을 한심한 놈으로 여기겠지만, 사실 이렇게 경험을 축적해 나가는 것은 지극히 사상적인 행위다."[3]

이 책의 도발적인 제목에 홀려서 진짜 책을 버리진 말기 바란다. 이 책의 제목은 앙드레 지드의 『지상의 양식』에 나오는 글을 인용한 것으로 실지로 그는 제목과 달리 엄청난 다독가에 독서광이었다. 게다가 그는 생전에 2백여 권에 이르는 저서를 남겼다. 슈지는 이 수필집으로 다큐멘터리 형식의 연극을 만들었고, 연극은 시작하자마자 공전의 히트를 기록하게 된다. 그가 책에서 쓴 대로 살다 간 인생이다. 그는 책에서 이것저것 평균화시켜 생각하지 말고 과감하게 하나에 집중하자는 괴짜스런 주장을 던진다. 이를 두고 '일점호화주의—點豪華主義'라고 불렀다. 일점을 선택하려면 나머지를 과감하게 쳐내는 결단이 필요하다. 그러려면 제일 먼저 '일점'을 찾아야 한다. 나에게 일점은 무엇일까? 그 일점이 있으면 아르키메데스의 일점처럼 장대 하나로 지구도 들어올릴 수 있게 된다.

"일점호화주의의 반대는 밸런스주의다. 밸런스주의자는 수입과 지출을 적절하게 조절하고 매달 일정 금액을 저축하면서 절대 무리하지 않고 계획적으로 견실하게 생활한다. 그러나 밸런스주의 아래에서는 정년까지의 생활계획이 완전히 드러난다. 즉, 옴짝

---

3 데라야마 슈지, 『책을 버리고 거리로 나가자(이마고)』, 김성기 역, 23.)

달싹 못하게 된다."[4]

　조부로부터 삼대에 걸쳐 내려온 설렁탕집을 이어받은 사장님의 기사를 어디선가 읽은 적이 있다. 모 TV의 미식회 프로그램에도 소개된 집이었다. 잡지였는지 신문이었는지 잘 기억나진 않지만, 한 가지 머릿속에 또렷하게 남아있는 건 설렁탕 장인의 이 말이었다. 마침 기자는 수십 년 이어온 이 집만의 비법이 무엇인지 물었다. "사장님, 맛있는 설렁탕은 어떻게 탄생하는지 그 비법 좀 알려주세요." 우문현답이랄까, 동문서답이랄까? 기자의 질문에 대한 사장님의 답변은 알쏭달쏭하기 그지없었다. "무언가를 추가하려 하지 말고 되려 덜어내야 합니다. 그게 비법의 전부입니다." 당시 사장님의 아리송한 대답을 보고 좀 충격을 먹었다. 비법을 가르쳐주기 싫으니까 그가 괜히 둘러댄다고 생각했다. '도대체 얼마나 맛있기에 그래?' 궁금한 건 못 참는 성격이라 기어코 그 집을 찾아가 설렁탕 한 그릇을 뚝딱 해치우고 나서야 사장님의 그때 그 답변이 단박에 이해되었다.

　훌륭한 설렁탕은 좋은 맛을 더하는 게 아니라 나쁜 맛을 덜어내는 것에 있다는 사실. 사장님은 매우 정확하게 비법을 공개한 셈이다. 더하는 게 아니라 빼는 것에 삼대에 걸친 비법이 숨이 있었다. 텁텁한 맛, 꼬린내와 누린내, 먹고 나면 입에 남는 불쾌한 잔미殘味까지 장인이 만든 명품 설렁탕과 그렇고 그런 설렁탕을

4　앞의 책, 236~237.

가르는 미세한 차이는 덜어냄의 미학에 있었다. 때로 맛있으라고 넣은 조미료가 도리어 설렁탕의 전체적인 조화를 해치는 맛으로 돌아올 수 있다.

그럼 나쁜 맛을 덜어내는 방식은 어떻게 이루어질까? 한 그릇의 명품 설렁탕은 사골과 양지를 고르는 것에서부터 시작된다고 말한다. 구구절절 경험에서 '우러나는' 사장님의 원칙은 그가 수십 시간 '우려내는' 사골 국물처럼 '찐'이었다. 고기는 보통 암소가 수소보다 연하고 맛이 좋지만 뼈는 도리어 수컷이 낫다, 뼈는 태가 좋고 단단하며 뽀얀 색깔이 나는 게 좋다, 너무 어린 소나 너무 늙은 소의 뼈는 가급적 피한다, 너무 어려서 뼈가 채 들어차지 않거나 너무 늙어서 자칫 골밀도가 떨어질 수 있기 때문이다. 어디서도 들을 수 없는 장인의 설렁탕 노하우 대방출이다. 대략 우리나라의 추운 겨울을 두 번 정도 지낸 30개월 된 수컷 한우 사골을 설렁탕 국물을 내는 데 최고로 친다. 양지머리를 고를 때에도 비슷하다. 도축하면서 코 속에 고인 구토물, 필요 없는 막이나 기름, 비계, 귓속 이물질 등을 깨끗이 제거해야 텁텁한 맛이 남지 않는다. 이 작업을 생략하거나 건너뛰면 삶은 고기에서 잡내와 누린내가 날 수 있다고. 이렇게 선별해서 씻어낸 양지머리는 끓이기 전에 물에 담가 핏물을 완전히 빼야 설렁탕에 들어갈 기본적 준비를 갖추게 된다.

이제부터 인내의 과정이 시작된다. 소머리와 사골을 가마솥에 넣고 물과 함께 끓이면 살과 뼈에서 나온 불순물이 물 위로 둥둥 뜬다. 아무리 깨끗이 핏물을 빼고 손질해도 뼈와 고기에 붙은 불순물이 완전히 없어지지 않기 때문이다. 장인은 가마솥 옆에 서서 국자로 이 불순물을 계속 건져내야 한다. 이를 바로바로 제거해주지 않으면 국물에서 누린내와 잡내가 나고 색깔도 탁해진단다. 이렇게 밤잠을 설쳐가며 여러 시간 끓이다 보면 점점 가마솥 안의 국물이 졸아들면서 진해진다. 이때 가마솥 옆에 늘러 붙은 거품과 기름층을 연신 닦아주는 것이 포인트다. 사소해 보이는 이런 과정들이 설렁탕 국물에서 나쁜 맛을 제거하는 데 없어선 안 될 원칙이 된다. 이렇게 반나절 이상 불 옆에 서서 꾸준히 가마솥을 지켜야 비로소 원하는 국물을 얻을 수 있다.

설렁탕 장인은 이 작업을 위해 매일 새벽 3시에 일어난다고 한다. 엄청난 집착이다! 우리 삶도 마찬가지다. 무언가를 더하는 것보다 빼는 것이 때로 더 많은 희생과 포기를 요구한다. 복잡다단한 세상, 미니멀리즘이다 플렉스다 '복세편살(복잡한 세상 편하게 살자)'을 외치는 세상에 나쁜 습관을 없애는 노력을 게을리 해선 안 된다.

먹는 것이 바로 나다―잘 먹고 잘 싸는 법

미국의 인류학자 마거릿 미드는 "한 사람의 식단을 바꾸는 것보다 차라리 그의 종교를 바꾸는 것이 더 쉽다."라고 말했다. 그만큼 개인의 입맛을 바꾸기란 여간 어려운 일이 아니라는 의미일 것이다. 그리고 보면 세상에 참 간사한 것이 사람의 혓바닥이다. 누가 시키지 않아도 맛있는 걸 귀신 같이 알아낸다. 맛없는 건 죽었다 깨어나도 목구멍 뒤로 넘기지 않으려 한다. 질리기도 잘해서 어제 맛있게 먹었던 것도 오늘이 되면 거들떠보기도 싫어진다. 언제나 야식은 다이어트로 가는 최종 관문이다. 지옥의 문을 노크하지만 매번 실패한다. 가로등에 불만 켜지면 어김없이 불가해하고 불가항력적인 입맛이 되살아난다. 야심한 밤에도 기어코 컵라면 한 개는 때려야 만족스러운 수면을 취할 수 있다. 눈도 귀도 아닌 혓바닥이야말로 하루 24시간 중 깨어있는 시간 동안은 내 삶에 폭군으로 군림한다.

혀를 통제하는 자가 삶을 지배한다. 혀가 시키는 대로 삼키는 사람은 언젠가 자신도 삼켜지는 날이 온다. 혀만큼 강력한 자기애적 기관이 따로 없기 때문이다. 혀가 조종하는 욕구를 거슬러 건강한 식단을 유지하는 것은 트릿의 마지막 단계 중에서 가장 중요한 과정이다. 사실 이 글을 쓰는 나도 쉽지 않은 단계 중 하나다. 직장인들의 삶이 회식으로 점철되어 있다 보니 술자리에서 나 하나 튀는 행동을 하는 게 여간 어려운 일이 아니다. 일주일에 한두 번 동료들과 삼삼오오 모인 대폿집에서 소주잔을 기울이며 삼겹살을 구우면 그 주 식단은 이미 엉망이 되어버리고 만다. 혀에 트레이닝을 적용하라!

요즘처럼 먹방이 인기였던 때가 또 있었나 싶다. 한 자리에서 아무렇지 않게 라면을 스무 봉지 끓여먹고는 후식으로 생크림 케이크까지 유유히 먹어치운다. 먹방을 콘텐츠로 내세운 웬만한 인플루언서라면 구독자수 십만은 쉽게 넘겨버린다. 아예 한글로 '먹방mukbang'이라는 장르가 따로 만들어질 정도니까(영어로는 '먹뱅'이라 읽는다. 말 그대로 폭발(bang)이다.). 한 문화비평가는 이런 한국의 먹방을 두고 '푸드 포르노'라고 불렀다는데, 정말 유튜브에서 우연히 시청한 '햄쵀몇' 영상을 나도 한 시간 동안 넋 놓고 정주행한 적이 있다. 그리고 그날 자리에서 바로 일어나 회사 근처 버거킹으로 직행했다. '역시 먹방의 위력은 대단해!'를 연발하며….

먹방 문화를 보고 있노라면, 우리나라에도 보릿고개에 배를 곯으며 초근목피를 삶아 먹던 시절이 있었나 싶다. 그만큼 먹는 것도 많고 부족한 게 없는 시대에 살고 있는 거 같다. 모든 게 부족하고 없었던 시절, 못 먹어서 얼굴에 버짐이 허옇게 핀 동네 아이들은 머리에 기계충을 얹은 채 누런 코를 연신 닦으며 무밭, 배추밭 서리를 했던 게 얼마 전의 일이다. 21세기 우리가 사는 현대는 인류 역사상 가장 배부른 시대임이 분명하다. 우리가 예상하는 것보다 훨씬 가까운 장래에 인간이 이 땅에서 기아飢餓를 영원히 종식시킬 날이 다가올지 모른다.

문제는 그 풍족함에 있다. 먹을 것도 많고 맛있는 것도 많다. 과유불급, 너무 넘치고 많아서 도리어 몸에 탈이 나고 건강에 적신호가 켜진다. '배부른 영양실조'라는 말이 괜히 생긴 게 아니다. 내가 평소 먹는 음식을 살펴보자. 탄수화물과 단백질, 지방은 지나치게 많이 섭취하지만 비타민과 미네랄 같은 미량영양소는 턱없이 부족하다. 최근에는 6대 영양소로 주목받고 있는 식이섬유의 섭취량은 권장 기준에 한참 미치지 못한다. 상황이 이렇다 보니 비만, 고혈압, 당뇨부터 고지혈증에 심혈관계질환까지 각종 성인병이 조기에 찾아올 수밖에 없다. 혀가 고기를 삼키다가 급기야나 자신마저 삼키는 일이 벌어진 것이다.

이는 먹방과 함께 온갖 요식 프로그램과 맛집투어 같은 미식 문화가 미디어를 점령하면서 빚어낸 결과다. 불에 달군 석판에다 구워 먹는 함바그 레스토랑이 한국에 상륙했다는 소식에 기어코 찾아가 한두 시간 대기 타서 먹고 온다. 음식 사진과 인상, 맛품평을 인스타에 올리는 것도 잊지 않는다. 솔직히 별스럽지 않은 맛인데도 사진 아래 달린 수십 개의 댓글과 좋아요를 보고 괜히 뿌듯해진다. 다이어트diet는 죽음die으로 가는 가시밭길이다. 주린 배를 달래려고 TV를 켜면 코미디언 넷이 나와서 눈앞에 차려진 음식들을 게 눈 감추듯 먹어치운다. 족발에 수육, 삼계탕에 탕수육까지…. 그들의 행보는 흡사 도장깨기를 방불케 한다. 견디지 못하고 채널을 돌리니 이번에는 ×선생이 나와서 한 시간 동안 신나게 맛집투어를 다닌다. '아, 오늘은 참으려고 했는데….' 결국 인내심의 한계와 함께 현기증을 느끼며 찬장에 숨겨둔 라면 한 봉지를 꺼낸다. '오늘은 너다!'

거짓말 하나 안 보태고 우리들의 모습이다. 내 멋대로 먹다가는 내 멋대로 간다. 트릿을 실천해야 할 때다. 미국의 촌철살인의 영화감독 우디 앨런은 "백세까지 살고 싶도록 만드는 모든 짓들을 당장 포기한다면, 당신은 진짜 백세까지 살 수 있다."고 말했다. 친구들과 어울려 맛있는 것 먹고 마시고 놀고 싶다면, 당장 이것들부터 절제해야 한다. 하고 싶은 걸 평생 누리기 위해 오늘 그걸 단념하는 이 역설! 이것이 바로 트레인의 마지막 과정이다. 잘 먹고 잘 싸기 위해 우리는 삶을 이렇게 접근해야 한다. 혀에 트레이닝을 감행하라!

첫 번째, 식단에 규칙을 세우자. 새벽마다 열심히 피트니스 센터를 다니는 것도 중요하지만, 정말 규칙이 필요한 분야는 따로 있다. 바로 식단이다. '내가 먹는 것이 나 자신이다.'라는 말이 있다. 인간이란 그가 먹는 것 자체다(Der Mensch ist was er isst). 본래 독일의 철학자 포이어바흐가 한 말이다. 오늘 내가 무엇을 먹느냐가 내일 누가 되느냐를 결정한다. 내 몸을 구성하는 60조 개 세포의 운명은 오늘 내가 입에 넣는 음식에 달려 있다. 섭식이야말로 진정 트릿이 필요한 이유다.

그렇다면 어떻게 내 혀를 길들일 수 있을까? 몇 가지 대원칙을 소개하면 다음과 같다. 무엇보다 식단에서 탄수화물의 양은 줄이되 양질의 단백질은 늘려 잡는다. 밥과 빵, 국수, 과자 같은 탄수화물 저장고는 매 끼니 가급적 줄여나간다. 잉여의 탄수화물은 간에서 지방으로 저장되기 때문에 고기 한 점 안 먹어도 체지방은 급격히 쌓일 수 있기 때문이다. 깊은 산사 선방에서 1년 365일 밥과 채소만 먹던 한 스님이 높은 중성지방과 LDL 콜레스테롤 수치 때문에 병원을 찾은 걸 TV에서 본 적이 있다. 그러니 '건강은 밥심'이라는 말은 이제 잊자. 밥심이 건강을 지키는 게 아니라 골고루 먹는 습관이 건강을 불러온다.

두 번째, 비타민과 미네랄을 꼭 챙기자. 3대 영양소로 불리는 단백질과 탄수화물, 지방이 체내에 대사되기 위해서는 이 두 가지 미량영양소가 반드시 필요하기 때문이다. 굳이 천연비타민을 고집할 필요 없다. 나에게 맞는 제품을 처방받아 꾸준히 섭취한다. 또한 맵고 짜고 단 음식은 피한다. 한국인들은 너무 맵고 짠 음식을 좋아한다. 가미가 덜 된 담백한 음식, 조미료보다는 식재료 본연의 맛을 살린 음식을 찾아 먹는다. 국이나 설렁탕을 먹더라도 국물을 사발 채 드링킹하는 습관은 매우 안 좋다. 정제가 된 가공 음식이나 나트륨 함량이 높은 음식은 퐁당퐁당을 실천한다. 오늘 먹었다면 하루씩 건너뛰는 것이다.

세 번째, 약도 알고 먹자. 중세의 연금술사 파라켈수스는 "독성이 없는 약물은 없다. 모든 약은 곧 독이다."라는 유명한 명언을 남겼다. 그는 용량이 약을 독으로 만든다고 했다. 일찍이 약을 의미하는 그리스어 '파르마콘pharmakon'은 동시에 독이라는 뜻도 있다. 잘못 처방하는 순간 약은 독으로 돌변한다. 내 입으로 들어가는데 약을 성분별로 꼼꼼히 따져보지도 않고 무턱대고 삼키는 사람들이라면 한 번쯤 고민해야 할 부분이다. 자동차 냉각수를 보충할 때 지하수 대신 꼭 수돗물을 사용해야 한다는 사실은 잘 알고 실천하면서도 자신의 몸속으로 직접 들어가는 약품에는 별 다른 주의를 기울이지 않는 남성들이 많다. 얼굴에 펴바르는 파운데이션 하나 고를 때에도 파우치 뒤에 붙은 깨알 같은 성분표를 일일이 체크하면서 자신의 뱃속으로 들어가는 약물 하나 고를 때에는 그만큼 세밀한 관심을 보이지 않는 여성들이 적지 않다.

투자를 할 때 현재 내 자산 구조와 수입 및 부채 비율을 따지는 것처럼, 비타민 하나 고를 때에도 내 몸의 체질과 상태를 면밀하게 고려해야 한다. 투자할 때 자산 전문가의 조언을 듣는 것처럼, 약을 먹을 때 주치의의 의견을 묻는 건 기본이다. 처방전이 괜히 있는 게 아니다. 광고나 지인의 추천만 믿고 덜컥 구매한 약은 나에게 독극물이 될 수 있다. 무분별한 약물 사용이 간에 무리를 주어 심각한 부작용을 일으키는 사례를 심심찮게 듣게 된다. 해외에서 직구한 단백질보충제에서 스테로이드 성분이 검출된 사례는 빙산의 일각에 불과하다. 최근 젊은 여성 직장인들 사이에서 인기 있던 다이어트 제품에서 기준치를 수십 배 초과하는 중금속이 나와서 기겁한 적이 있다. 해당 제품을 섭취하면 허벅지나 팔뚝 같은 특정 부위가 홀쭉해진다는 광고만 믿고 덜컥 구매했던 소비자만 피해를 본 셈이다. 그런 마법과 같은 다이어트제는 세상에 존재하지 않는다.

영양제 하나 고르는 걸 가볍게 생각하는 시대는 지났다. 건강기능식품을 고를 때에는 식약청이 부여한 인증마크가 있는지 확인해야 하고, 생산자와 판매자, 재료 및 성분을 잘 따져봐야 한다. 오가피라고 다 같은 오가피가 아니다. 식약청이 허가한 건강기능식품에는 '고시형 원료'가 들어있거나 '개별인정형 원료'가 포함되어 있어야 한다. 잘 모르겠으면 한국건강기능식품협회 홈페이지(www.khsa.or.kr)에 가면 내가 산 제품이 정식으로 등록된 회사의 상품인지, 성분과 기능은 확실한지 확인할 수 있다. 또한 아무리 좋은 약이라도 동시에 같이 먹으면 안 되는 것들도 있다. 고혈압약이나 당뇨약을 복용하면서 관절염약이나 진통소염제를 함께 먹으면 위궤양을 일으킬 위험이 높다. 다약제 복용은 보통 하루 5

가지 이상 약물을 주기적으로 먹는 경우를 말하는데, 이때 부작용이 일어날 위험이 높아지며 건강상 이익보다는 해를 주기 쉽다. 건강보험 심사평가원 사이트에 가서 공인인증서로 들어가면 투약 이력이 조회된다.

네 번째, <u>일상에서 운동을 꾸준히 실천하자.</u> 19세기 미국의 작가 조시 빌링스는 "건강은 돈과 같다. 잃을 때까지는 가치를 모르기 때문이다."라고 말했다. 우리가 건강해야 할 이유는 그 몸을 가지고 우리가 오십 년 이상은 살아야 하기 때문이다. 운동이 트릿의 정점인 이유다. 운동의 장점은 헤아릴 수 없이 많다. 신체의 활동성을 높여주어 심장이나 혈관, 폐, 근육 등 신체기관의 전반적인 기능을 원활하게 해준다. 운동을 한 날과 거른 날의 차이는 현격하다. 피곤해도 아침 일찍 30분이라도 뛴 날은 더 활력이 넘친다. 도리어 운동을 안 한 날 몸이 찌뿌듯하고 머리가 아프다. 운동은 사지 각 마디마다 관절과 인대, 뼈를 강화시켜주며, 근섬유를 확장시켜 몸을 바르게 세워준다. 게다가 심장의 기능을 높여주어 신체 곳곳에 혈액을 고르게 보내 혈액순환을 돕고 혈행장애로 일어나는 만성 두통이나 피로, 변비, 불면증, 소화기 장애 등을 한

TRAIN: 삶을 바꾸는 건강법

1. 식단에 규칙을 세우자.
2. 비타민과 미네랄을 꼭 챙기자.
3. 잘못하면 독이다. 약도 알고 먹자.
4. 일상에서 운동을 꾸준히 실천하자.

방에 날려버린다.

　운동이 단순히 신체적인 유익만을 주는 건 아니다. 운동을 할 때 뇌에서 도파민이라는 호르몬이 분비되는데, 이는 삶의 만족감과 일의 쾌감을 관장하기 때문에 운동 후 활력과 행복감을 준다. 특정 약물이나 술, 담배 중독에 저항력을 주고 금단현상을 극복할 수 있는 체력을 다져주는 게 모두 운동 중에 뇌에서 분비되는 도파민 때문이다. 운동은 기억력을 개선시키고, 스트레스나 불안감을 해소하며, 학습 능력을 향상시켜 주어 일상에 긴장감과 보람을 함께 선사한다. 멋진 몸매를 갖게 되는 건 덤이다. 팔 다리에 근육이 붙고 복근이 생겨 몸에 대한 자신감도 생긴다. 운동하는 사람이 자꾸 자신의 식스팩을 보여주고 싶은 심리는 모두 운동이 주는 만족감 때문이다.

　이처럼 열변을 토하며 운동의 이점을 소개해도 "이불 밖은 위험해!"를 외치는 이 시대의 집돌이 집순이들에게 아웃도어 액티비티는 언감생심, 그림의 떡인 걸 잘 안다. 아침에 침대 위에서 느긋하게 뒹굴뒹굴 하는 그 시간이 왜 그렇게 달콤한지…. 하지만 내가 말하는 운동은 꼭 헬스장 정기권을 끊거나 거창하게 PT를 붙여서 해야 하는 건 아니다. 일상에서 내 삶을 조금씩 바꾸는 것으로도 운동이 시작될 수 있다. 건물에 엘리베이터를 이용하기보다는 계단을 오른다던지, 전화가 올 때마다 한 번씩 자리에서 일어나 사무실을 걸어 다니며 받는다던지, 10분 이내의 가까운 거리라면 차를 끌고 나가지 말고 천천히 걸어서 간다던지 생각해보면 삶 속에서 실천할 수 있는 작은 운동들이 적지 않다. 서구에서는 몸에 열을 올려 운동의 효과를 낼 수 있다는 점에 착안하여 이런 운동을 소위 '니트NEAT'라고 부른다.[5] 하루 동안 계단을 오르는 것과 트레드밀 위에서 30분 동안 달리기한 운동 효과가 같다고 한다. 일상에서 니트를 트레인하는 게 괜히 비싼 피트니스 회원권 끊고 며칠 다니지 않는 것보다 낫다는 얘기다.

수도권을 포함하여 서울 시내는 대중교통망이 너무 잘 갖추어져 있다. 괜히 자가용을 끌고 나갈 필요 없이 버스나 자전거, 도보로도 충분히 출퇴근이 가능하다. 마트에 가거나 공원에 나갈 때 차로 10분 이내의 가까운 거리라면 걸어서 가는 것도 좋다. 사무실이나 서재에 착석과 기립이 모두 가능하도록 설계된 책상(모션 데스크)을 들이는 것도 효과적인 니트 방법이다. 미국 실리콘밸리의 스타트업에서 시작된 스탠딩 워크 방식이 앉아서 일할 때보다 업무 효과가 훨씬 높다는 연구결과 때문에 국내에서도 한국전력이나 네슬레코리아, 한국코카콜라, 카카오 등에서 일부 도입하고 있다. 건물 엘리베이터 대신 계단을 이용하는 것도 멋진 일상의 트레이닝이 될 수 있다. 점심 먹고 나른한 오후 책상에 앉아 병든 닭처럼 꾸벅꾸벅 졸지 말고 가볍게 산책하는 건 어떨까?

---

5 Non-Exercise Activity Thermogenesis의 약자다.

TRAIN: 일상에서 실천할 수 있는 NEAT

1. 가급적 대중교통이나 자전거 및 도보로 출퇴근하기
2. 차로 10분 이내의 가까운 거리는 걸어서 가기
3. 건물 엘리베이터를 이용하기보다는 계단을 오르기
4. 전화를 받을 때마다 자리에서 일어서서 걸어 다니기
5. 서서 업무를 볼 수 있는 기립용 책상을 사용하기
6. 집에 가면 집안일을 하거나 아이들과 놀아주기

「죠스」, 「쉰들러리스트」, 「ET」, 「라이언 일병 구하기」 등으로 유명한 천재 영화감독 스티븐 스필버그는 앰블린Amblin이라는 영화사를 차린다. 앰블린은 그가 1968년도 무명 감독이었을 때 찍은 35밀리미터 단편 영화 제목에서 가져온 명칭이다. 앰블린은 '목적 없이 어슬렁거리며 걷다.'라는 뜻이다. 사명社名처럼 스필버그는 꾸준히 뚜벅이처럼 우직하게 영화계를 돌아다녔다. 인생은 속보나 달리기로 뛰는 단거리 경주도, 상대 선수와 경쟁해야 하는 시간 싸움도 아니다. 나만의 페이스대로 목적지를 향해 천천히 걷는 것, 그것이 트릿의 최종목표이자 트레이닝의 결론이다. 어쩌면 스필버그가 자신의 영화사 이름을 흥행에 성공한 「죠스」나 「인디아나존스」로 짓지 않고 앰블린으로 정한 이유가 아닐까? 걸어라. 정신이 바뀌고 몸이 바뀌고 인생이 바뀐다.

아디오스(Adios)!

나가는 글

벤저민 그레이엄의 『현명한 투자자』에는 흔치 않게 워런 버핏의 서문이 달려 있습니다. 잘 알다시피 버핏은 주저 없이 그레이엄을 자신이 투자 철학을 완성하는 데 지대한 영향력을 행사한 스승으로 꼽았죠. 서문에서 버핏은 스승의 가치투자를 요약 정의하며 이런 말을 했습니다. "시장은 일시적인 낙관(주식을 너무 비싸게 만든다)과 부적절한 비관(주식을 너무 싸게 만든다) 사이에서 흔들리는 시계추와 같다. 현명한 투자자는 비관주의자에게서 사서 낙관주의자에게 파는 현실주의자이다."[1]

이보다 더 정확한 표현이 있을까 싶습니다. 현명한 투자자라면 낙관주의자도 비관주의자도 되어서는 안 된다고 생각합니다. 최근 우리나라에 주식투자의 바람이 불고 있습니다. 코스피가 연일 역대 최고가를 갱신하며 주가가 빠르게 치솟고 있습니다. 앞에서

---

1 벤저민 그레이엄, 『현명한 투자자(국일증권경제연구소)』, 이건 역, 22.

바이오주가 끌고 뒤에서 IT주가 받치는 모양새입니다. 2030 젊은 직장인들 중에는 한방에 인생역전을 꿈꾸며 영끌해서 빚투까지 하는 이들도 있는 것 같습니다.

이때야말로 트릿이 필요합니다. 트릿을 통해 지나친 낭만주의도, 지독한 계몽주의도 포기하고 현실주의로 나가기 바랍니다. 당연하게 여긴 것들에 질문을 던지고, 불필요한 일상의 군더더기를 제거하며, 사람들과 어울리며 그들의 감정을 읽고 관계의 흐름을 관찰해야 합니다. 책을 읽고 좋은 습관의 관성을 통해 삶의 관점을 개혁하고 성공 지향적인 인생을 계획해야 합니다. 진정한 인생 투자는 트릿으로 비로소 시작됩니다.

이 책이 길을 묻고 해답을 찾는 이들에게 조금이나마 도움이 되었기를 빕니다. 여러분들의 건승을 빕니다.

READ: 독서의 사분면

읽다 만 책(포기한 책)

1.
2.
3.
4.
5.
6.
7.
8.
9.
10.
11.
12.
13.
14.
15.

안 읽은 책(평소 관심도서)

1.
2.
3.
4.
5.
6.
7.
8.
9.
10.
11.
12.
13.
14.
15.

읽고 잊은 책(싱거워진 책)

1.
2.
3.
4.
5.
6.
7.
8.
9.
10.
11.
12.
13.
14.
15.

읽고 기억하는 책(최애 도서)

1.
2.
3.
4.
5.
6.
7.
8.
9.
10.
11.
12.
13.
14.
15.

TRAIN: 버킷리스트, 인생 좌표

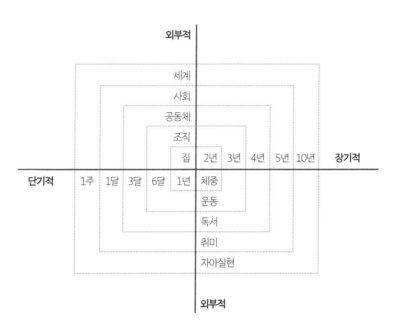

부와 행복을 얻는 5가지 발상법

트릿

1판 1쇄 | 2021년 4월 20일

지은이 | 김현철
펴낸이 | 박상란
펴낸곳 | 피톤치드

그림 | 앤디 디자인 | 김다은 교정 | 강지희
경영 | 박병기 마케팅 | 최다움
출판등록 | 제 387-2013-000029호
등록번호 | 130-92-85998
주소 | 경기도 부천시 길주로 262 이안더클래식 133호
전화 | 070-7362-3488
팩스 | 0303-3449-0319
이메일 | phytonbook@naver.com

ISBN | 979-11-86692-66-0(03320)